여성 고전
서양고전관통 **3**

초판 1쇄 인쇄 2023년 5월 20일
초판 1쇄 발행 2023년 5월 30일

지은이 이종필
펴낸이 정성준

펴낸곳 도서출판 목양
등록 2008년 3월 27일 제 2008호-04호
주소 경기도 용인시 처인구 양지면 양지리 38-2
전화 070-7561-5247 팩스 0505-009-9585
홈페이지 www.mokyangbook.com
이메일 mokyang-book@hanmail.net

ISBN 979-11-92332-17-8 (04230)
       979-11-92332-14-7 (세트 전 4권)

하나님 나라 관점으로 읽는 서양 고전

서양 고전 관통

3

여성 고전

이종필 지음

킹덤처치연구소

복음설교자로 태중에서부터 나를 부르신 하나님, 학부에서 인문학을 전공하도록 권하시며 목회자의 길로 이끌어주신 아버지, 읽고 쓰고 강의하는 동안 가정에서 많은 일을 감당해준 헌신적인 어머니와 아내, 연구의 기회를 주신 교회성장연구소 식구들, 옆에서 자료를 제작하는 일에 헌신한 송민정 간사, 인강을 만드는 데 헌신적으로 수고해 준 박현종 목사, 인문학적 영감의 원천인 시은, 지민, 재현, 특히 가슴으로 낳은 막내아들 일우에게 감사의 마음을 표합니다.

저자의 인문학적 통찰과 영역이 넓고도 깊다. 치열한 노력과 성실함, 그리고 방대한 지식과 해석에 박수를 보낸다. 기독교적 관점에서 읽는 서양고전은 그 맛이 다르다. 서양고전의 관점으로 성경을 읽어내는 노력들은 많았지만, 의외로 성경적 관점에서 서양고전을 논하는 책들은 많지 않았다. 저자는 본서에서 그 과감한 시도를 하고 있으며, 그 결과는 매우 성공적이다. 신화에서부터 현대문학에 이르기까지 그 독특성과 업적을 드러내면서도 분명한 한계를 짚어 내어 기독교인의 관점에서 어떻게 고전을 읽어내고 적용점을 찾아야 하는지 친절한 안내자의 역할을 하고 있다. 저자의 바람처럼 원전을 펼치기 전 본서를 먼저 읽기를 강력히 추천한다. 신화의 마을에서 출발해 고전문학의 정거장을 지나 성경의 종착역에 이르게 되는 멋진 여행이 될 것이다.

최병락 목사 | 강남중앙침례교회 담임, 월드사역연구소 소장,
<바람을 잡는 그대에게> <목회 멘토링> <부족함> 저자

현대를 사는 우리에게 고전을 읽는 것의 중요성은 아무리 강조해도 지나치지 않습니다. C. S. 루이스는 옛날 책 즉 고전을 읽는 것의 유익에 대해서 '지나간 수 세기의 깨끗한 바람이 우리의 정신에 계속 불어오게 만

들어 시대정신의 포로가 되는 것을 피할 수 있다'고 하였습니다. 특별히 고전은 시대를 뛰어넘어 인류 공통의 문제들을 이야기 형식으로 집약, 축적하여 계승 발전시켜왔기 때문에 우리는 고전을 통해 사람을 이해할 수 있는 지혜를 얻을 수 있습니다. 하지만 서양 고전 또한 인간의 지식과 지혜가 집약된 고도의 산물일지라도 '인본주의'라는 한계를 가지고 있습니다. 고전을 읽어내는 것도 중요하지만 어떤 관점으로 읽고 해석하고 소화하느냐가 더 중요합니다.

저자가 심혈을 기울여 집필한 이 책은 독자가 성경과 복음의 안경을 쓰고 서양 고전을 읽어갈 수 있도록 인도하는 훌륭한 길잡이입니다. 특별히 저와 같은 목회자에게 이 책은 목회의 가장 기본이 되는 '사람을 이해하는 것'의 깊이를 더해갈 뿐 아니라 매주 치열하게 진행하는 설교 준비에도 큰 도움을 줄 것이라고 생각합니다. 무엇보다 각 고전 작품과 성경을 연결하는 구조가 정말 탁월하여 고전의 이해는 물론, 해당 성경본문을 새로운 관점으로 볼 수 있는 통찰력도 얻을 수 있습니다. 고전을 통해 배우는 역사와 철학, 시대정신은 물론이요, 사람을 깊이 이해함과 동시에 성경을 폭넓게 이해할 수 있도록 도와주고 있습니다. 지성과 영성이라는 두마리 토끼를 잡을 수 있는 좋은 기회이기에 기쁜 마음으로 추천합니다.

이인호 목사 | 더사랑의교회 담임,
<기도하면 달라진다> <기도하면 살아난다> 저자

2023년 2월 유럽 유학생들과 유럽 한인 2세들을 위한 연합수련회인 코스테에서 이종필 목사님을 처음 뵈었습니다. 목사님이 강의를 들으면서 강호의 고수를 만난 느낌이었습니다. 처음 만난 회중들의 마음을 한순간에 허물고 즐겁게 소통하는 그 모습에 매료되고 말았습니다. 그리고 목사님이 어떤 분인지 궁금해졌습니다. Koste 모든 일정을 마치고 돌아오

는 비행기 안에서 목사님께서 건네주신 이 책의 원고를 읽기 시작했습니다. 그리고 한순간에 회중과 소통하며 메시지 안으로 회중을 끌어당기는 그 힘의 원천이 어디에 있는지 알게 되었습니다.

저자는 대학에서 문학을 전공하였고, 오랫동안 인문학적인 책읽기를 계속해 왔습니다. 그리고 동료들과 후배들에게 그가 받은 '아하'의 경험을 계속 나누어 왔습니다. 이 책은 그 나눔의 결과물입니다. 이 책은 인문학적인 창으로 성경을 바라보며 우리의 최종 목적이 되신 예수 그리스도를 만나게 하며, 성경의 눈으로 고전과 명저들을 해석하여 이 세상을 향한 복음적 메시지를 찾게 합니다. 이 책이 출간되면 저는 가장 먼저 우리교회 성도들과 필독하게 될 것입니다. 이 책을 모든 독자에게 기쁨으로 추천합니다.

손철구 목사 | 홍익교회 담임

나는 이종필 목사를 처음 만난 날을 잊지 못한다. 그의 명성을 익히 들어서 알고 있었는데, 마침 그의 강의를 들을 기회가 있어 찾아갔다가 별도로 만나 대화할 수 있었다. 이전에 그를 책으로만 대했던 터라 딱딱하고 지성적인 인물일 줄만 알았는데, 그는 그러할 뿐 아니라 친절하고 유쾌했다. 대화뿐 아니라 강의를 들으면서 그가 오늘날 교회와 사회가 처한 현실을 정확히 진단하고 실질적인 대안을 제시하는 것을 보며 통찰을 얻었다. 이제 나는 그가 쓴 책으로 교회에서 하나님나라 제자훈련을 인도하고 있다. 당연히 만족도가 높다.

이번에 그가 보내준 이 책의 원고를 읽으면서 다시 한번 그의 역량에 놀랐다. 우선, 나같은 사람은 도저히 엄두도 내지 못할 책을 쓴 그에게 존경과 찬사를 보낸다. 필시 그가 문학과 신학을 모두 탁월하게 습득했기에 이런 글을 쓸 수 있었을 것이다. 나는 이 책의 추천사를 쓰게 되어서 너무나 감격스럽다. 나는 다음과 같은 이유로 이 책을 강력하게 추천한다.

첫째, 이 책은 재미있다. 술술 읽힌다. 나는 이 책을 읽으면서 다른 일을 할 수 없었다. 독자들께서도 이 책을 한번 읽기 시작하면 나처럼 깊이 빠져들 것이다. 순식간에 전 권을 다 읽게 될지도 모른다. 특히 이 책의 구성은 가독성을 촉진한다. 저자는 고전들을 소개할 때 '인트로'를 제시하고, '묵상을 겸한 프리뷰'를 제공한 후, '하나님 나라 관점으로 작품요약'을 한다. 이러한 구성은 아직 고전을 읽지 않은 사람에게 고전 읽기를 대신할 수 있게 하여 고전을 꼭 읽어야지 하면서도 읽지 못했던 부담감으로부터 해방을 얻게 하고, 이미 고전을 읽은 사람에게 성경적 렌즈로 고전을 이해할 수 있게 하여서 고전 읽기를 더욱 의미있게 한다.

둘째, 이 책은 성경을 더욱 정확하고 풍요롭게 이해할 수 있게 해 준다. 저자는 고전을 꼼꼼하고 정밀하게 분석하면서 성경과의 연관성을 제시한다. 고전의 모티프가 성경의 모티프와 어떻게 상관되는지를 타당하게 설명해준다. 즉 독자들은 고전에 소개된 사람들의 사고방식, 행동양식, 문화관, 언어의 용례 등이 성경적으로 어떻게 평가될 수 있는지를 보게 된다. 성경은 사회와 문화를 배경으로 하여 기록되었기에 성경을 이해하려면 사회적 문맥을 이해하는 것이 필수이다. 이는 성경 이해가 문자적 차원에서 그치면 안 된다는 점을 시사한다. 더욱이 하나님의 계시는 대단히 풍요롭고 다채롭다. 따라서 성경을 알기 위해서는 사회와 역사와 문화를 알아야 하는데, 고전 읽기는 그러한 점을 가능하게 해 준다.

셋째, 이 책은 기독교 세계관을 정립해 준다. 저자는 성경적 관점으로 고전들을 설명한다. 원래 서양 고전은 기독교 세계관을 바탕으로 하는 것도 있고 그것을 어느 정도 공유하는 것도 있다. 혹은 기독교를 반대하는 입장에 서있는 것도 있다. 그러므로 저자의 안내를 따라가다 보면 고전을 마냥 재미있거나 교훈적인 책으로만 여기게 되는 것이 아니라 어느새 기독교적 사고체계 형성과 발전이라는 선물을 받게 된다. 즉 이 책을 통해서 우리가 세상을 어떻게 바라봐야 하는지를 배울 수 있게 된다. 따라서 이 책을 교회에서 그룹 공부용으로 사용해 볼 것을 제안한다. 여러 사람이 이 책을 읽고 토론을 벌이다 보면 성경적 시야로 세상과 인간을 바라보는 힘을 키울 수 있게 될 것이다.

넷째, 이 책은 우리가 어떻게 성경을 시대의 언어로 설명하고 전파해야 하는지를 가르쳐준다. 고전은 사람들의 보편적인 인식과 세계관을 담고 있다. 따라서 고전을 읽으면 사람과 사회를 바로 해석하게 되어서 우리가 사람들에게 나아가 그들의 형편과 처지에 맞게 성경을 전할 수 있게 된다. 곧 우리를 말이 통하는 전도자가 되게 한다. 실제로 오늘날 성경을 가르치는 사람들이 시대정신과 문화를 이해하지 못한 채 폐쇄된 가르침과 답답한 화술로 사람들과의 접촉점을 상실하는 일이 많다. 그러나 성경의 관점으로 고전을 읽으면 그러한 문제가 상당 부분 해결된다. 이제 이 책을 읽으므로 지혜로운 전도자와 교사가 되어 보자.

그러므로 나는 이 책을 강력하게 추천한다. 이 책을 읽으면 성경이 더욱 의미있는 메시지가 될 것이며, 기독교적 사고체계를 견고히 갖추어서 세상을 올바르게 이해하고 분별할 수 있을 것이고, 말이 통하는 전도자가 되어서 복음을 더욱 잘 가르칠 수 있을 것이다. 나는 가급적 많은 그리스도인이 이 책을 읽기를 기대한다. 더욱이 비그리스도인들도 이 책을 읽을 수 있다면 좋겠다. 고전이란 모든 사람이 공유하는 것이고 저자가 일상의 글투로 썼으니 이 책이 그들에게 쉽게 다가갈 수 있으리라 본다. 그런 면에서 나는 이 책이 훌륭한 기독교 변증서가 될 것이라 믿는다. 그들이 이 책을 읽는다면 성경이 보편타당한 진리임을 깨닫게 될 것이고, 아울러 그리스도인들의 부족함으로 인해 생긴 기독교에 관한 오해가 해소될 것이다.

황원하 목사 | 산성교회 담임
<설교자를 위한 마가복음 주해> <요한복음> <사도행전> 저자

저자의 강의를 들을 기회가 있었습니다. 하나님이 만드신 자기 얼굴로 (?) 탁월하게 청중들을 집중시켰습니다. 자기 얼굴 뒤에서 역사하신 하나님 나라를 전하는 것을 보았습니다. 하나님은 자신의 형상을 따라 사람을 만드셨습니다. 이 말은 사람을 잘 알아야 하나님 나라를 쉽게 이해할 수 있다는 말입니다. 이 책은 서양 고전을 통해서 사람을 이해하게 만든 책입니다. 그래서 하나님 나라와 복음을 쉽게 이해하도록 도움을 주는 너무 좋은 책입니다. 읽기 어려운 고전을, 생각 없이 읽게 되는 고전을 하나님 나라와 연결하여 은혜를 부어주는 책입니다. 이런 놀라운 책을 쓴다는 것이 부럽기도 하고, 놀랍기도 합니다. 코로나 기간에 이 귀한 책을 집필하여 한국 교회에 내놓게 하신 주님께 감사하며 본 책을 적극적으로 추천하는 바입니다.

장동학 목사 | 하늘꿈연동교회 담임

차례

서양 고전의 원천인 신화 캐릭터들은
지금도 살아 있다

얼마 전 통계에 따르면 유럽에서 하루 등록되는 상표의 60%가 그리스 로마 신화에서 아이디어를 차용한다고 한다. 그리스로마 신화 속에 등장하는 캐릭터들을 전 세계가 공유하고 있기 때문일 것이다. 세계 최고 온라인 상거래 플랫폼 Amazon은 트로이전쟁에서 패색이 짙었던 트로이를 도와 그리스연합군의 전사 아킬레우스와 싸웠던 용맹한 여성부족 아마조네스에서 이름을 따왔다. 부족을 지키기 위해 한쪽 가슴을 절제하고 활을 쏘며 용맹하게 싸웠다는 전설의 여성전사들처럼 Amazon은 자신들의 플랫폼으로 전 세계 온라인 상거래 시장을 맹렬하게 정복하고 있다. 이 이름은 이미 수백 년 전 남미를 침략한 유럽인들이 큰 강에 붙인 이름이기도 하다. 머리가 긴 원주민들이 활을 들고 유럽인들과 싸우러 나왔을 때, 그들은 신화 속 여성전사를 연상했다. 이 외에도 아마존은 볼보의 중형차 이름으로, 만화 원피스에 등장하는 여성들만의 섬 이름으로, 디아블로의 여전사 캐릭터 이름 등 열거할 수 없을 정도로 많이 차용되었다. 아마조네스 전사들은 세계 수많은 사람들의 입에 오르내리며 지금도 살아 자신들의 이야기를 나누고 있는 셈이다.

이런 예는 우리 주변에서 쉽게 찾아볼 수 있다. 제우스의 전령 헤르메스의 모자를 이미지로 사용하여 한국인들에게 갖가지 소식을 전해주는 전령 역할로 우뚝 선 네이버, 오디세우스 일행을 유혹했던 세이레네스를 차용하여 커피와 함께 특별한 분위기로 전 세계인들을 매혹하는 데 성공한 스타벅스, 가정과 결혼의 신이자 제우스의 아내 이름을 따 최고급 화장품의 지위를 누리고 있는 헤라 등 우리나라의 기업이나 제품 이름으로도 신화의 캐릭터는 왕성하게 활동하고 있다. 헤라의 로마식 이름 유노(Juno)는 유럽에서 결혼하기 가장 좋은 계절인 6월의 이름이 되어 지금도 여전히 여왕의 지위를 누리고 있다(June).

캐논의 카메라 브랜드 에오스(그리스식 Eos, 로마식으로 Aurora, 영어 발음으로는 오로라)는 새벽의 신 이름으로 사진작가들이 풍경을 담기 가장 좋은 신비한 시간의 이미지를 풍기고 있다. 영웅 페르세우스가 죽인 괴물 메두사는 원래 치명적인 매력을 가진 아름다운 여성이었으나 아테나 여신의 저주를 받아 머리카락이 뱀이 되었고, 그녀를 보는 사람은 돌이 되어 누구와도 사랑할 수 없는 불행한 캐릭터가 되었다. 1978년 이탈리아의 패션 디자이너 지아니 베르사체가 누구든지 빠져들게 만드는 불행한 팜므 파탈 메두사의 이미지를 활용하여 베르사체라는 명품 브랜드를 고안했다. 이 명품 브랜드는 많은 여성들을 마비시켜 막대한 돈을 소비하게 만들고 있으니 메두사는 여전히 현대 여성들의 마음을 강탈하고, 사람들을 마비키시는 존재로 생명력을 유지하고 있다.

온라인 게임을 통해서 신화의 캐릭터들은 젊은 세대들을 사로잡았다.

메두사 이미지를 차용한 스타크래프트의 캐리건은 억울하게 피해자가 된 분노로 가해자가 된 캐릭터다. LOL의 카시오페아는 상체가 여자이고 하체가 뱀인 괴물 라미아의 이미지를 차용했다. 신화 속에서 라미아는 원래 리비아의 여왕이었으나 제우스의 연정의 대상이 되어 헤라의 저주를 받고 아이들을 훔쳐다 산채로 잡아먹는 괴물이 되었다. 이 캐릭터는 리니지에도 등장한다. 테세우스를 영웅으로 만들어 준 괴물 미노타우루스(사람 몸에 얼굴은 소인 괴물)를 캐릭터화한 알리스타(리그 오브 레전드)와 타우렌(워크래프트)에 얽힌 이야기는 모르는 이가 거의 없다. 이렇게 서양 고전의 원천이 된 신화의 캐릭터들은 지금도 살아 있다.

그리스로마 신화는
우리 모두의 이야기다.

　신화는 황당무계한 막장전설이 아니다. 신화란 이 세상의 기원에 대해 답을 찾고 싶어 하는 인간의 본성에서 탄생한 필연적인 결과물이다. 고대의 모든 문명은 각자의 신화를 만들어냈다. 그들의 정신은 기원을 설명할 수 있는 무엇인가를 만들어낼 수밖에 없었던 것이다. 그들은 신화 속에서 인생에서 겪는 수많은 사건을 해석할 수 있는 공식을 찾았다. 또한 이해할 수 없는 자연현상의 원인을 제공하여 미래의 방향을 결정하게 해 주는 납득할만한 설명을 얻어낸 것이다. 신화는 그들에게 자신이 누구인지, 세상은 어떻게 생겼으며, 세상의 모든 문제는 어떻게 발생하는지, 그래서 인간은 어떻게 살아야 하는지를 설명한다. 신화는 인간의 정신세계에 꼭 필요한 양식, 없으면 존재할 수 없는 그 무엇이었던 것이다. 그들은 신화를 통해 인생에 대한 철학적 사유를 한 것이며, 모든 자연현상에 대한 과학적 답변을 얻었던 것이다.

이렇게 인류 정신세계에 생명을 공급하는 신화는 이야기라는 형태를 가졌다. 왜 교리나 격언이 아닌 이야기라는 방식으로 신화가 전해졌을까? 그것은 인간 정신과 가장 맞는 것이 이야기이기 때문이다. 우리 모두는 어릴 때 누구나 제일 먼저 이야기를 접한다. 이야기는 강한 호기심을 유발하고, 강렬하게 기억 속에 저장된다. 이야기를 듣는 사람은 졸지 않는다. 왜냐하면 그 이야기 속에서 자신을 발견하기 때문이다. 신화는 세상의 기원을 모두 이야기 형태로 설명한다. 카오스에서 가이아(땅)가 나왔고, 그녀가 우라노스(하늘)를 낳았다. 가이아와 우라노스가 결혼하여 많은 자녀들, 크로노스(시간), 휘페리온(빛), 오케아노스(바다) 등을 낳았다. 이것은 실제 결혼과 성을 통한 출산을 의미하지 않는다. 세상의 기원을 이야기로 설명하고 있는 것이다.

정리하자면 신화는 정신을 가진 인간에게 꼭 필요한 기원에 대한 설명, 인생의 많은 문제들에 대한 해석의 틀, 자연 현상에 대한 답변을 주는 근본적인 이야기다. 지금도 우리는 종교와 철학과 과학을 통해 우리의 기원과 정체성에 대한 설명을 찾는다. 우리 인생에 일어나는 수많은 사건들을 해석할 수 있는 틀을 구성하려 노력한다. 그리고 자연 현상을 연구한다. 답을 찾는 방식이 조금 달라졌을 뿐 인간의 정신은 근본적으로 신화가 주었던 답을 필요로 하고 있다. 우리는 신화를 만든 고대 인류들과 마찬가지로 동일한 정신 활동을 하고 있다. 따라서 신화는 바로 우리들의 이야기라고 할 수 있다. 이제 우리는 신화가 제공하는 세계관을 다 받아들이지는 않는다. 그러나 우리의 정신 활동에 신화가 매우 중요한 역할을 하고 있음을 부인할 수 없다.

서양인문학은 그리스로마 신화에서 출발하여 서양고전으로 이어진다.

우리는 왜 동양인문학이 아니고 서양인문학을 공부하는가? 억울하지만 동양의 신화, 우리 한국의 신화는 서양에서는 물론이고, 동양 안에서도 많이 소비되지 않는다. 서양인문학 콘텐츠들이 게임이나 만화, 영화나 드라마 분야에서부터 모든 학문의 영역에서까지 훨씬 많이 소비된다. 인문학 콘텐츠는 많이 소비되어야 다양한 형태로 패러디되며, 재창조의 과정을 통해 풍성해진다. 서양인문학에 비해 동양인문학은 영화나 책, 드라마나 노래 등으로 재창조되는 일이 드물다. 청나라가 몰락하고 중국이 공산화의 길을 가면서 이런 현상은 더욱 두드려졌다. 적어도 16세기 이후로, 그 전에 중세 수도원에서 대학이 생긴 이후로, 서양이 문화적인 측면에서 동양을 앞서나갔고, 현재 전 세계가 서양인문학을 소비하고 있다는 것은 어쩔 수 없는 사실이다. 이 말은 우리의 잡담에서부터 거대한 문화 콘텐츠에 이르기까지 이 시대의 문화 속에서 서양인문학이 대세가 되어 재창조되고 있음을 의미한다. 그리스로마 신화에서 시작되어 성경과 어우러져 재탄생되었던 서양고전은 전세계인의 문화가 되었다. 심리학자 프로이트가 오이디푸스 왕으로 자신의 이론을 설명하고, BTS가 디오니소스를 노래한다. 우리는 서양인문학을 공부할 수밖에 없다.

서양 정신세계의 결과물이라 할 수 있는 서양인문학은 그리스로마신화에서 시작된다. 그리스로마 신화의 시작은 그리스의 영웅 테세우스의 아버지 아이게우스가 몸을 던진 데서 유래한 에게해 문명에서 시작한다. 사실 이 문명은 해상을 주름 잡던 페니키아인들이 메소포타미아와 이집트의 문명을 전하면서 시작된 후발문명이다. 그러나 이 문명은 크레타 섬에서 시작하여 그리스 본토 미케네 문명(트로이 전쟁의 총 사령관 아가멤논 왕의 나라)을 이루며 발전해갔고, 자신들의 세계관을 통해 신화를 만들었다. 구전되던 그 이야기들은 고대 그리스의 전성기인 기원전 8~5세기(남북으로 나눠진 이스라엘이 앗수르와 바벨론에 의해 포로가 된 시기)에 이르러 서양 문명의 아버지라 할 수 있는 호메로스와 헤시오도스를 통해 서사시로 정리된다. 호메로스는《일리아스》와《오디세이아》같이 영웅담을 썼으며, 헤시오도스는《신들의 계보》(혹은 신통기로 번역됨)를 통해 세상의 기원을 족보식으로 정리했다. 이 이야기들은 그리스의 전성기에《안티고네》같은 비극으로 수없이 재창조되었으며, 후에 지중해 전체를 정복한 로마에 의해 수용된다. 로마는 그리스의 신화를 자신들의 것으로 받아들이고, 로마의 신화까지 덧붙여 소위 '그리스로마 신화'를 완성했다.

로마로부터 유럽의 문명이 본격적으로 시작되고, 여러 나라로 분화되어 발전하여 그리스로마 신화는 서양인문학의 시작이 되었다. 중세 이후 서양 고전들은 사실 성경에 기반하고 있으나, 그 소재들은 여전히 '그리스로마 신화'의 캐릭터들이다. 이렇게 서양 인문학은 그리스로마 신화를 패러디하고 해석하며 재창조하면서 발전해 나갔다. 유럽의 문학 작품 중 성경과 더불어 그리스로마 신화의 캐릭터가 등장하지 않는 것은 거의 없다고 봐야 한다. 단테는《신곡》에서 지옥의 가장 깊은 곳에 예수님을 배신한 가룟유다와 카이사르를 배신한 브루투스와 카시우스를 위치시킨다. 독일의 문호 괴테는《파우스트》에서 욥기를 패러디하며, 신화 속 최고의 미녀 헬레네를 주인공 파우스트와 결혼시킨다. 이 서양고전 작품들은 서양이 주도하는 시대의 흐름을 따라 세계화되었고, 우리 모두의 교양이며 문화가 된 것이다.

서양고전은 신앙의 성장과
복음 전도에 큰 유익을 준다

옷감을 짜는 자신의 재능에 도취되어 신에게 도전했다가 거미가 된 아라크네, 도가 지나치게 자식을 자랑하다가 신의 분노를 사 자식을 모두 잃은 니오베의 이야기는 신화 속 교훈이 성경과 멀지 않음을 보여준다. 끝이 없는 욕망으로 대지의 여신 데메테르(케레스)의 정원까지 넘보다가 기아의 여신에게 인도되어 아무리 먹어도 만족할 수 없는 저주를 받았던 에리식톤. 그는 재산을 다 잃었을 뿐 아니라 딸까지 노예로 팔게 되었다. 그의 이야기는 돈과 권력과 쾌락에 대한 욕망으로 멸망해가는 우리에게 너무나 큰 신앙적 교훈을 준다. 그리스의 영웅 테세우스가 국민들을 위해 처치한 악당 중 하나인 프로크루스테스. 그는 지나가는 사람을 붙잡아 자신의 침대에 눕힌 후, 침대보다 짧으면 늘려서 죽이고, 길면 잘라서 죽였다. 자기 기준으로 남들을 재단하는 폭력을 담고 있는 이 이야기는 내로남불의 시대에 부활하여 산상수훈의 교훈을 연상시킨다.

테세우스는 이런 풍습을 없애고, 많은 이들에게 자유함을 준 영웅이었다. 사실 주님의 말씀이 성령과 더불어 우리를 프로크루스테스에게서 구원해 준다. 신화는 단순히 옛날이야기가 아니다. 종교가 없는 사람에게 뿐만 아니라, 그리스도인들에게도 신화로부터 기원하여 성경과 결합된 서양 고전은 지혜롭게 살아가는 길을 제공하는 인생의 길라잡이 역할을 한다.

나아가 서양 고전은 복음을 전하는 데 큰 유익을 준다. 서양 고전은 우리 모두의 공통언어다. 다른 사람과 처음 만나 대화할 때 공통의 지식과 배경을 바탕으로 시작하면, 서로의 거리를 좁힐 수 있지 않은가. 또한 더 깊은 관계로 나아갈 수 있게 된다. 이런 과정 속에서 우리는 신뢰를 쌓아가고 더 중요한 일치에 도달할 수 있다. 따라서 서양 고전은 세인들에게 하나님의 복음을 전하는 데 있어 접촉점이 되며, 더 깊은 일치를 위한 여정에서 소중한 도구가 될 수 있다. 서양 고전은 우리의 말할 거리, 서로를 통하게 하는 아교다. 욕망, 의심, 배신에 대해 말할 때, 죄에 대해서 말할 때 셰익스피어 4대 비극은 아주 좋은 소재가 된다. 우리는 셰익스피어를 통해 인간의 죄와 악한 세상에 대해 공감하고, 그 후에 복음의 효용에 대해 말할 수 있다.

예수님과 사도들도 그 이전 시대의 인문학적 고전의 요소들을 사용하여 복음을 전했다. 예수님은 당대 유대인들이 공유하고 있는 지식들, 유대인들의 역사와 헬라의 철학 등을 활용하여 하나님나라를 가르치셨다. 특히 유대인들이 사용하던 이미지와 이야기들을 통해 비유로 천국 복음을 전하셨다. 요한은 당대의 공통지식이었던 소크라테스와 플라톤의 이원론적 접근법을 통해 빛과 어둠, 위와 아래, 진리와 거짓, 생명과 죽음 등의 대조개념으로 예수님을 소개했다. 바울도 아테네에서 헬라인들의 정신을 지배하는 신화와 철학과 대조하여 복음을 선포한다. '바울이 아덴에서 그들을 기다리다가 그 성에 우상이 가득한 것을 보고 마음에 격분하여 회당에서는 유대인과 경건한 사람들과 또 장터에서는 날마다 만나는 사람들과 변론하니 어떤 에피쿠로스와 스토아 철학자들도 바울과 쟁론할새 (행 17:16~18)' 같은 방식으로 서양 고전은 세상 속에서 살아가는 우리의 신앙과 복음 사역에 큰 유익이 될 수 있다.

서양 고전 관통을 출발하며

이제 토머스 불핀치의《그리스로마 신화》와 그 근간이 되는 오비디우스의《변신이야기》, 신화로부터 초대형 서사문학을 창시하여 서양문학의 아버지가 된 호메로스의《일리아스》와《오디세이아》로부터 서양 고전 여행을 시작하자.《소포클레스 비극》과《아이네이스》는 이전 작품들을 재창조하며 문학적 완성도를 높여갔다. 로마는 그리스에서 시작된 물줄기에 기독교 신앙을 끌어들여《신곡》을 낳고, 단테를 존경하는 마음으로 보카치오는 100개의 이야기를《데카메론》에 담아 페스트로 혼란한 유럽 사회를 미래로 이끈다.

독자들의 서양 고전에 대한 지식과 해석 능력은 이 책을 통해 매우 창대해 질 것이라 기대한다. 총 4권으로 된 〈서양 고전 관통〉 1권을 마친다면, 2권의 작품들은 술술 읽힐 것이고, 3권과 4권은 누워서 떡먹기가 될 것이다. 4권의 여행을 마치면 세상 모든 문화 콘텐츠를 해석하는 힘을 소유하게 될 것이다. 팀 켈러 목사님이 말하는 문화 내러티브 분석에 힘이 생길 것이다. 처음부터 원전을 읽으려 하지 말고 이 책을 따라 여행하시라. 인물과 배경과 이야기들을 익히면 나중에 원전이 쉽게 읽히게 됨을 약속한다.

1권은 '서양고전의 시작'편이다.《그리스로마신화》《변신이야기》《일리아스》《오디세이아》《소포클레스 비극》《아이네이스》《신곡》《데카메론》을 다룬다.
2권은 저자를 밝힐 필요가 없는 '고전 중의 고전'이다.《돈키호테》《셰익스피어 4대 비극》《파우스트》《레미제라블》《죄와 벌》《카라마조프 형제들》《부활》이 이어진다.

3권은 '여성 고전'이다. 톨스토이의 《안나 카레니나》, 제인 오스틴의 《오만과 편견》, 샬롯 브론테의 《제인 에어》, 모파상의 《여자의 일생》, 플로베르의 《보바리 부인》, 나다니엘 호손의 《주홍글씨》를 골랐다. 여성들이 주인공이며, 주로 여성들의 시각에서 작품이 전개된다.

4권은 '필독 고전' 편이다. 생떽쥐페리의 《어린 왕자》, 헤르만 헤세의 《데미안》, 프란츠 카프카의 《변신》, 서머싯 몸의 《인간의 굴레》, 찰스 디킨스의 《위대한 유산》, 에밀리 브론테의 《폭풍의 언덕》, 조나단 스위프트의 《걸리버 여행기》를 나름 필독 고전으로 선택했다.

저자인 내가 수많은 시간 고민하며 고안한 방식으로 독자들에게 최소한의 시간으로 최대의 효과가 있기를 기대한다.

2023. 5.
이종필 목사

01장

인생에서 가장 중요한 것은
성 장 이 다

톨스토이 《안나 카레니나》

(번역본 : 박형규 역, 동서문화사)

톨스토이의 부유하고 평탄한 삶에 찾아온 도전

톨스토이는 부유한 귀족 출신이다. 그는 농노제가 여전히 남아 있던 유럽의 대표적 후발주자 러시아에서 구체제의 유익을 누리던 영주 집안에서 태어났다. 남 부러울 것 없이 하고 싶은 대로 귀족의 방탕한 삶을 즐겨도 아무도 뭐라 할 수 없는 금수저였다. 그는 16세 연하와 결혼하고, 많이 싸웠다고는 하지만 아내와 13명의 자녀를 낳았고, 대대로 번성하여 지금도 200여 명의 후손들이 살고 있다고 한다. 참으로 다복한 인생을 살았던 사람이다. 외모 콤플렉스가 있었다고 하지만, 그의 초상화를 보면 나름 개성 있는 외모를 소유한 것으로 보인다.

그러나 그의 내면은 평탄하지만은 않았다. 그의 3대 장편 중 두 번째 작품인 《안나 카레니나》(1877

1878년 출판된 《안나 카레니나》 초판 표제지와
《안나 카레니나》(박형규 역, 2009년, 문학동네)

를 발표한 후 자살까지 생각할 정도의 극심한 정신적 방황을 겪게 된다. 그의 방황은 대단히 근본적이고 영적인 방황이었다. 그의 경험을 고백한《고백록》에서 그는 이렇게 말한다. 오십의 나이에 나를 자살 직전으로 몰고 갔던 나의 의문은 우매한 아이에서 지극히 지혜로운 나이 많은 현자에 이르기까지 모든 사람의 마음 속에 자리 잡고 있는 아주 간단한 것이었고, 내 경험에 비추어 보았을 때 사람이라면 거기에 대한 대답을 발견하지 않고는 살아가는 것이 불가능한 그런 것이었습니다. 그 의문은 이런 것이었습니다. "내가 오늘 하고 있는 일이나 내일 하게 될 일은 결국은 무엇인가? 내 인생 전체의 결국은 무엇인가?" 이 질문을 다른 식으로 표현해 보면 다음과 같이 될 것입니다. "왜 나는 살아가는 것인가? 왜 나는 어떤 것을 원하거나 행하는 것인가?" 또한 이 질문은 이렇게 표현해 볼 수도 있습니다. "내 인생 속에는 나를 기다리고 있다가 반드시 내게 찾아올 죽음으로도 파괴되거나 사라지지 않을 어떤 의미가 존재하는가?"

그는 해결하지 않고는 더 이상 살아갈 수 없는 근본적인 질문에 봉착했고, 이 도전을 해결하는 데 필사의 노력을 기울이지 않을 수 없었다. 인간의 내면 깊은 곳에 자리 잡은 근본적인 도전은 어느 누구도 피할 수 없는 것이었다.

인생의 필연적 과제는
계속되는 도전에 맞추어 성장하는 것이다

40대 후반에 톨스토이는 이미 자신이 살아오던 방식으로는 더 이상 살 수 없음을 느꼈다. 그는 자신을 지금까지 지탱해왔던 세계관과 결별하고,

1908년 5월 23일 야스나야 폴랴나에서 촬영한 컬러 사진 초상화.

뭔가 더 고상하고 높은 차원의 무엇인가를 찾아야 할 강력한 도전에 봉착했다. 그는 《고백록》에서 이렇게 고백한다. '이성에 기초한 지식의 길을 따라가서는 삶을 부정하는 것 이외의 다른 것을 발견할 수 없다는 것을 나는 이미 알고 있었습니다.' 그러나 그에게 신앙은 더 받아들이기 힘든 것이었다. '하지만 신앙 속에서 내가 발견한 것은 오직 이성을 부정해야만 받아들일 수 있는 것들뿐이었고, 이것은 내게는 삶을 부정하는 것보다 한층 더 불가능한 일이었습니다.'

그는 출구를 찾아야 했고 그것은 더 높은 차원으로 성장하는 것이었다. 톨스토이에게 있어서의 성장은 끝없는 성찰과 자기반성의 결과였다. 자신의 영혼과 정직하게 만나 모순을 해결하는 것이었다. 그가 성장을 위해 택한 길은 결국 신앙이었다. '모순이 생겨났고, 이 모순에서 빠져나올 수 있는 출구는 두 가지였습니다. 하나는 내가 지금까지 이성이라고 불러왔던 것이 사실은 내가 생각한 것만큼 그렇게 이성적인 것이 아니었다는 것을 인정하는 것이었고, 다른 하나는 지금까지 내게 비이성적인 것으로 보였던 것이 내가 생각한 것만큼 비이성적인 것이 아니었다는 것을 인정하는 것이었습니다.'

그는 어렸을 때부터 방대한 지식을 소유했던 인물이다. 그의 첫 장편 《전쟁과 평화》에서 젊은 나이에 역사에 대한 방대한 자신만의 철학을 펼칠 수 있을 정도로 대단한 이성을 소유한 인물이었던 것이다. 하지만 그는 나이 오십이 되어가며, 자신의 이성적 사유로는 찾을 수 없는 인생의 답에 대해 고민했다. 그 지점에서 그는 모순을 숨기고, 자신의 과거 주장을 고집하지 않았다. 자신의 이성으로 인생의 답을 찾을 수 없다는 것을 솔직히 고백하고, 신앙을 받아들이며 성장하게 되었던 것이다.

'이렇게 해서 나는 내가 지금까지 유일한 지식이라고 생각해왔던 이성적 지식 외에도, 인류 전체가 소유해 온 또 다른 종류의 지식, 곧 이성에 기초하지 않은 지식이 존재한다는 것을 인정하지 않을 수 없었는데, 그것은 인류 전체에게 삶의 의미를 알게 해 주어서 살아갈 수 있게 해준 신앙이라는 지식이었습니다. 신앙은 내게 이전과 마찬가지로 여전히 비이성적인 것이었지만, 나는 오직 신앙만이 인류에게 삶의 의문에 대한 대답들을 제공해 주어서 살아갈 수 있게 해준다는 것을 인정하지 않을 수 없었습니다.' 그는 50세의 나이에 인생에 찾아온 도전에 맞추어 성장하였고, 이후에도 아름다운 인생 여정을 계속할 수 있었다.

1868년 출판된 《전쟁과 평화》 초판 표제지.

《안나 카레니나》의 주인공은
성장의 모델 레빈이다

《안나 카레니나》는 톨스토이가 고통스러운 성장의 과정을 겪고 있을 40대에 쓴 작품이다. 이 작품의 주인공은 제목에서도 볼 수 있듯이 불륜의 아이콘 안나다. 이 작품이 영화나 연극으로 만들어질 때는 브론스키와 안나의 불륜 과정이 더욱 두드러지게 묘사되며, 기차에 뛰어드는 안나만 기억나는 작품이 되고 만다. 너무나 매력적인 여주인공, 게다가 금기를 넘어서는 파격적인 불륜의 장면들, 극단적인 자살의 장면까지. 그녀는 모든 시선을 강탈하는 여주인공임에 틀림 없다. 하지만 실제 소설을 처음부터 끝까지 천천히 읽어본다면, 의외로 이 작품에서 많은 분량을 차지하는 인물은 별 것 없어 보이는 레빈이라는 남성임을 알게 된다. 실제 이 소설은 안나보다 레빈이 더 먼저 등장하면서 시작한다. 이보다 더 주목할 것은 레빈이라는 인물이 점점 파멸하는 안나와 대비되면서 점점 더 길게 묘사되며, 레빈의 깨달음과 성장에 대한 묘사로 이 작품이 마무리된다. 총 8편으로 된 작품에서 결말 부분인 8편에 묘사된 레빈의 모습은 이미 7편에서 성장을 멈추어버리고 죽은 안나의 모습을 뛰어 넘은 성장한 인간의 모습을 보여주며, 소설의 주제를 형성한다. 제목을 차지하는 '안나'는 레빈이 성장하는 모습을 더 분명하게 보여주는 배경 역할을 하고 있다. 점점 내면이 커져가는 레빈을 더욱 빛나게 해주는 반대급부의 조연이 안나라고 해도 과언이 아니다.

소설의 시작인 1편에서 스치바(안나의 오빠)의 친구 레빈이 그의 처제 키치에게 청혼했다가 거절당하는 이야기가 긴 분량을 차지한다. 키치는 매

력적인 남자 브론스키에게 빠져 있다. 소설은 매력적이지 않은 레빈이 매력적인 브론스키에게 밀려 실패하는 이야기로 시작한다. 1편의 뒷부분에 불륜 커플인 안나와 브론스키가 등장한다. 이후 이 불륜커플(?)에 대한 이야기가 많은 분량을 차지하긴 하지만, 레빈(과 그의 아내가 되는 키치)의 이야기가 안나-브론스키와 대조되며 번갈아 나온다. 이 소설은 두 커플의 이야기가 씨줄과 날줄로 엮여 짜여진 멋진 직물이다. 이야기의 분량으로 보아도

알렉세이 콜레소프가 1885년에 그린 유화 초상화 <젊은 여인의 초상(소위 안나 카레니나)>

이 소설의 주인공을 레빈이라고 하는데 이의를 제기하기 어렵다. 성장이 멈춘 채 불행하게 마무리되는 한 여인의 이야기를 넘어 성장에 성장을 거듭하는 한 남성의 이야기가 부각되는 방식으로 소설이 진행되고 마무리된다는 점에서 레빈이 주인공이라는 것에 동의할 수밖에 없다.

그리고 우리는 이 소설 주인공이 레빈이라는 가정 하에 이 소설의 주제가 인간의 성장이라는 결론에 도달하게 된다. 그렇다면 이 소설은 오십이라는 나이를 기점으로 한 단계 성장한 작가 톨스토이가 잘 생기지 못한 촌스러운 귀족이지만 자신의 한계를 넘어 끝없이 성장하는 레빈이라는 인물을 자신의 분신으로 내세운 성장소설이라고 단정해도 문제가 없어 보인다. 실제로 톨스토이는 러시아의 다른 귀족들과는 달리 끊임없이 더 나은 인간으로 성장하려고 노력했다. 농촌에 학교를 세워 농노들을 계몽하려 했으며, 농사에도 적극적으로 참여했다. 노년에 이르러서는 자신의 재산도 기부하려고 시도하는 등 실천에 앞장섰던 인물이었다. 그의 중년의 성장 과정을 투사한 주인공 레빈이라는 인물을 통해 인간의 성장과정을 보여주는 성장 소설로 읽을 수 있게 된다.

《안나 카레니나》에서 톨스토이가 자신을 가장 많이 투영한 인물로 여겨지는 콘스탄틴 드미트리예비치 레빈. 사진은 영화 <안나 카레니나>(2012년)에서 레빈 역을 맡은 도널 글리슨(출처: Sutori. com)

영적으로 성장하지 못하는 인간은
안나처럼 파멸을 맞는다

안나는 소설의 주인공이며, 모든 시선을 강탈하는 인물이다. 그러나 동시에 그녀는 인간이 어떻게 파멸하는가를 보여주는 인물이기도 하다. 그녀는 좋은 조건을 두루 가진 매력적인 여인이다. 많은 여성들이 소망하는 아름다움을 소유했다. 그녀는 모든 여성들의 워너비였고, 결혼하여 아이를 키우면서도 여전히 그렇다. 결혼한 지 10년이 된 그녀는 브론스키를 두고 20세도 채 되지 않은 키치와의 경쟁(?)에서도 가볍게 승리할 정도다.

이 매력적인 여인의 가정은 안정적이다. 좀 고리타분하긴 하지만 자신의 일에 성실한 귀족을 남편으로 두었다. 너무나 사랑하는 아들도 잘 성장하고 있다. 그럼에도 불구하고 그녀는 타락하고, 몰락의 길을 걷는다. 이 대목에 대해 많은 이들이 진정한 사랑을 갈망하다가, 사회로부터 손가락질 당하고 불행한 결말을 맞이했다고 해석한다. 그러나 톨스토이가 보여주는 진실은 성장하지 못하는 인간은 아무리 좋은 조건을 가지고 있어도 파멸한다는 것이다. 그녀는 소녀의 시절을 지나 한 사람의 아내가 되었고, 자녀를 키우는 엄마가 되었다. 삶의 새로운 단계로 접어들었으나 자신의 나이와 삶의 단계에 맞추어 성장하지 못한 안나라는 여인은 한 순간의 만남을 통해 파멸의 길로 들어선다. 그러나 그녀의 파멸은 갑자기 온 것이 아니라 성장하지 못한 치명적인 인격의 미성숙함으로 인해 예정된 것이었다고 하는 것이 더 타당해 보인다.

그녀는 오빠의 가정 문제를 해결하기 위해 모스크바에 왔다가 매력적인 브론스키를 만났다. 사람이 잘못된 감정, 순간적인 충동에 이끌리는 것까지 피할 수는 없다. 그러나 안나는 그 감정과 충동을 처리할 수 없는 미성숙함을 계속적으로 드러낸다. 먼저 자신의 아름다움에 집착하고 경쟁하는 소녀의 모습에서 벗어나지 못한다. 안나는 키치의 마음을 빼앗았던 브론스키가 자신에게 끌렸다는 사실에 마음 깊이 만족하며 기뻐한다(1편). 얼마나 유아적인가?

두 번째로 그녀는 감정의 이끌림에서 벗어나지 못한다. 브론스키와 호기심 가득한 욕망의 감정에 빠진 안나는 그 감정이 발전되면 안 된다고 생각하고 모스크바를 떠나 집으로 돌아가려 한다. 하지만 브론스키가 자신을 따라왔을 때 뿌리치지 못한다. 그녀는 결국 자신을 불행하게 만드는 유혹이라는 것을 알면서도 그 관계를 끊어내지 못하고, 욕망의 감정에 굴복하여 밀회에 깊이 빠진다.

세 번째로 그녀는 여러 번 가정으로 돌아갈 기회가 있었음에도 그 기회를 잡지 못한다. 밀회가 깊어지면서 그녀는 아들도 만날 수 없게 되었고, 남편에게도 경고를 받는다. 그러나 그녀는 결코

기병대 중위인 부유층 출신의 젊고 미남에 유망한 군인인 브론스키 백작.

돌이키지 못한다. 그녀는 사교계에서도 불의한 여인으로 낙인찍힌다. 그런 그녀와 브론스키를 남편 알렉세이가 용서하지만, 그들은 돌이키지 못하고 외국으로 여행을 떠나면서 회복의 기회를 놓치고 점점 더 파멸에 이른다.

네 번째로 그녀는 현실을 바라보고 적응하려 하지 않는다. 브론스키를 포기할 수 없는 그녀는 브론스키와 부부와 같은 삶을 이어간다. 하지만 브론스키가 자신과 함께 있으면서 자신의 욕체적 욕망을 만족시키고, 자신의 감정을 충족시켜주는 것 이외에는 어떤 삶도 인정하지 않는다. 그녀는 이미 많은 것을 포기한 브론스키의 현실적인 삶의 과정들을 이해하지 못한다. 브론스키가 외출하면 늘 의심하고 질투한다. 결국 자신만의 질투와 분노의 감정에 사로잡혀 브론스키에게 복수하는데, 기차에 몸을 던지는 것이었다.

사람은 일평생 성장하는 존재다. 따라서 그 성장을 멈추면 안 된다. 아이가 어른이 되고, 청년이 중년에서 노년이 되어 간다는 것은 성숙과 변화를 요구한다. 그러나 안나가 요구하는 사랑은 자신의 감정에만 충실하며, 자신의 욕망을 충족시키기 위한 유아적인 사랑이다. 두 사람이 만나 사랑의 감정을 느끼다가, 배우자로서 서로를 책임지기 위해 결혼을 결정하며, 사랑 안에서 서로의 삶을 인정하는 부부의 삶으로 나아가며, 새롭게 출생하는 자녀들을 위해 헌신하는 부모의 단계를 거쳐, 자신들에게 주어진 것으로 주변 사람들을 돌보는 성숙한 사람이 되어 가는 것이 인간의 일생이다.

이반 크람스코이가 1883년에 유화로 그린 <미지의 여인의 초상>. 안나의 초상으로 알려졌다.

그러나 안나는 사랑의 감정을 느끼는 단계에서 벗어나지 못한다. 안나의 미성숙함은 남편과의 관계에도 싫증을 느끼게 만들었으며, 불륜 상대인 브론스키도 짧은 시간에 지쳐가게 만들었다. 브론스키의 생각을 묘사한 부분을 보자.

> 그는 최근에 와서 점점 더 빈번히 그녀에게서 일어나는 질투의 발작에 전율을 느꼈다. 그리고 그 질투의 원인이 자신에 대한 사랑이라는 것을 알고 있으면서도 그녀에 대해 식어가는 자기감정을 아무리 숨기려 해도 숨길 수가 없었다.(4편)

안나는 사랑을 원하지만, 변화를 받아들이지 않는 사랑, 감정에만 충실한 사랑은 오히려 사랑을 잃어버리는 치명적인 독이 된다. 안나의 미성숙한 모습을 보여주는 대목을 읽어보자. 그녀는 자신의 삶을 전체적으로 깊이 숙고하지 않는다. 그녀는 자신의 문제를 외면한다. 시누이 돌리는 안나의 버릇을 묘사하며, 그녀의 문제를 간파한다.

> "다리야 알렉산드로브나는 순간, 안나가 눈을 가늘게 뜨는 버릇이 생겼음을 떠올렸다. 그리고 안나가 눈을 가늘게 뜰 때는 생활의 가장 은밀한 부분을 자극했을 때라는 것을 기억했다.
> '그녀는 자신의 삶을 전부 제대로 보지 않으려고 실눈을 뜨는 것만 같았어.' 돌리는 생각했다."(6편)

안나는 자신의 가장 치명적인 문제가 다루어질 때마다 현실을 외면하려 한다. 그러면서 자신만의 생각으로 침잠한다. 파멸이 임박한 그녀는 자신을 돌아볼 수 있는 깨달음의 기회가 올 때, 현실을 바로 보지 않고 의심하는 태도를 유지한다. 저녁 기도의 종이 울리고 한 상인이 성호를 긋는 모습을 본 안나의 생각을 묘사한 부분을 보자.

'(아아, 저녁 기도의 종이 울리고 있다. 어머나 저 장사치의 저 꼼꼼하게 성호를 긋는 것 좀 봐! 마치 무엇인가 떨어뜨리기를 겁내고 있기라고 한 것 같군. 도대체 무엇 때문에 이러한 교회며 이러한 종소리며 이러한 허위가 있는 것일까? 그저 저기에서 저렇게 상스럽게 욕지거리를 해대고 있는 마부들처럼 우리들이 모두 서로 미워하고 있다는 것을 숨기기 위해서일 따름이다.)'

그러면서 불륜에 빠져 상대방을 의심하고 있는 자신은 전혀 문제가 없다는 확신을 고수한다.

'(내 사랑은 차츰 열정적이고 이기적으로 되어 가는데 그이의 사랑은 점점 식어 가고 있다. 그리고 이것이 우리들의 마음이 벌어지는 원인이다.) 이렇게 그녀는 생각을 계속했다. (이것은 이제 어떻게 할 수도 없는 것이다. 나에게는 모든 것이 그이 한 사람에게 달려 있기 때문에 그이가 조금이라도 많이 그 모든 것을 나에게 줄 것을 바라고 있다. 그런데 그이는 더욱더 나에게서 멀어져가려하고 있다. 우리들은 말하자면 결합될 때까지는 양쪽에서 접근하였었지만, 그리고는 억누를 수 없는 기세로 제각기 다른 방향으로 떨어져 가고 있는 거야. 이것은 어떻게 바꿀 수도 없는 일이야. 그이는 나에게 내가 무턱대로 질투가 강한 것처럼 말하고 있다. 그러나 이것은 정말이 아니다. 나는 질투가 강한 여자는 아니야. 그저 나는 불만일 뿐이야. 그러나 …) 그녀가 아 하고 입을 벌렸다.'(7편)

우리는 안나를 통해 성장하지 못하고 자신의 생각에 갇혀 파멸하는 인간의 모습을 너무나 분명히 본다. 우리에게 중요한 것은 우리 자신을 바르게 바라보는 것이다. 베드로는 믿음을 소유하게 된 1세기 그리스도인들에게 자신들이 처한 상황을 바라보고 성장하라고 권면한다. 1세기 후반 그리스도인들은 로마에 의해 박해를 받게 되었고, 여러 이단적인 가르침들이 독버섯처럼 자라 유혹하는 상황에 처해 있었다. 그들은 박해에 흔들리고 있었다. 이단의 가르침에 넘어가는 무지한 모습을 보이고 있었다. 그리스도인들은 박해에 흔들리

1611년경 루벤스가 그린 유화 <성 베드로>

지 않도록 성장해야 했다. 베드로는 먼저 그들의 정체성을 분명히 할 것을 요청한다. 그리하여 그리스도인들이 주님의 은혜에 감격한 초기의 신앙으로부터 어떤 정체성을 가지고 어떤 삶으로 부르심을 받았는지 분명한 가르침을 준다.

'예수 그리스도의 사도 베드로는 본도, 갈라디아, 갑바도기아, 아시아와 비두니아에 흩어진 나그네 곧 하나님 아버지의 미리 아심을 따라 성령이 거룩하게 하심으로 순종함과 예수 그리스도의 피 뿌림을 얻기 위하여 택하심을 받은 자들에게 편지하노니 은혜와 평강이 너희에게 더욱 많을지어다'(벧전 1:1-2)

베드로는 또한 이단들이 창궐하는 시대에 그들의 악한 가르침에 넘어가지 않도록 주님을 아는 지식 안에서 성장해야 한다고 권면한다.

'그러므로 사랑하는 자들아 너희가 이것을 미리 알았은즉 무법한 자들의 미혹에 이끌려 너희가 굳센 데서 떨어질까 삼가라 오직 우리 주 곧

구주 예수 그리스도의 은혜와 그를 아는 지식에서 자라 가라 영광이 이제와 영원한 날까지 그에게 있을지어다'(벧후 3:17-18)

신앙이 성장한다는 것은 상황에 맞추어 신앙의 연수에 맞추어 공동체에서의 위치에 맞추어 자신을 변화시키는 것이다. 그렇지 않으면 데마와 같이 결국 파멸하게 된다.

'데마는 이 세상을 사랑하여 나를 버리고 데살로니가로 갔고'(딤후 4:10)

그러나 선교지에서 실패했던 마가는 후에 성장하여 바울에게 가장 유익한 동역자가 되었다.

'네가 올 때에 마가를 데리고 오라 그가 나의 일에 유익하니라'(딤후 4:11)

어떤 재능과 장점들을 가지고 인생을 시작했느냐가 중요한 것이 아니다. 어떤 영적인 체험으로 신앙을 시작했느냐가 중요한 것이 아니다. 중요한 것은 성장이다. 지속적으로 계속 성장하는 것이다. 성장하지 않는 인간은 결국 파멸한다는 것을 보여주는 안나는 우리가 반면교사로 삼아야 할 중요한 모델이다.

영적으로 성장하는 인간은
끊임없이 인생의 진정한 답을 찾아간다

안나를 넘어 작가가 강조하는 성장의 모델로 제시된 인물이 바로 레빈이다. 그는 모든 면에서 안나와 대조된다. 그의 외모는 매력적이지 않았다. 그는 늦은 나이에 키치에게 청혼했으나 브론스키에게 철저히 짓밟힌다. 키치는 매력적인 브론스키에게 마음을 빼앗기고 레빈에게 상처를 준다. 레빈은 센스도 부족한 사람이다. 그는 키치와 데이트를 할 기회도 있었고, 키치도 그를 좋은 사람으로 여기고 있었다. 그러나 상대를 기분 나쁘게 하는 말실수로 점수를 깎인다. 그러나 그의 치명적인 단점은 자신감이 없다는 것이다. 귀족이긴 하지만 농촌에서 살고, 나이가 들어 청혼에도 거절을 당했으니 자신감이 없는 것이 당연한지 모르겠다. 그러나 그는 배우자 후보들에게 매력적으로 여겨질 수 있는 자신감마저 없는 너무나 평범한 사람이었다. 우리 주위에서 흔히 볼 수 있는 별 볼일 없는 남자. 이것이 레빈의 모습이었다.

그러나 레빈은 이 지점에서 놀라운 반전을 이루어냈다. 안나와 브론스키가 불륜의 구름을 타고 환상에 빠져들기 시작할 때 즈음에, 레빈은 모든 것에 실패하고 고향으로 돌아온다. 그러나 그는 현실을 받아들이고 더 나은 자신이 되기 위해 결심한다. 이 중요한 대목을 같이 읽어 보자.

'그는 자기를 자기로서 느끼고 다른 사람이 되려고는 생각하지 않았다. 이제는 그저 이전의 자기보다 더 잘 되고 싶다고만 느꼈다. 첫째로 그는 오늘 이후로 더는 결혼생활에서 얻을 수 있는 두드러진 행복을 바라지 않아야겠다. 따라서 현재를 허술히 여긴다든가 하는 일이 없도록 해야겠다고 결심했다. 둘째로 그는 앞으로는 결코 이번에 구혼을 하려고 했을 때 그 기

1930년 니콜라이 레미조프가 구아슈 화로 그린 <안나 카레니나와 브론스키 백작>

억 때문에 그처럼 괴로움을 받았던 것과 같은 어리석은 정열에 몸을 내 맡긴다든지 하는 짓은 하지 않아야겠다고 결심했다. …

　그러나 그는 언제나 민중의 가난과 비교해서 자기의 넉넉한 상태를 불공평하다고 여기고 있었으므로 지금도 혼자서 마음속으로 자기를 철두철미 바른 사람이라고 믿기 위해서 이전에도 무던히 노동도 하고 사치를 피한 생활을 하여 오기도 했지만 앞으로는 더한층 많이 노동도 하고 더한층 사치도 줄여야겠다고 결심했다. … 새롭고 보다 나은 생활에 대한 희망으로 부푼 감정을 가지고 밤 8시가 지나 그는 자기 집에 도착했다.'(1편)

　인간이 성장하려면 전혀 다른 이상적 자신을 꿈꾸기보다 자신을 인정하며 조금 더 나은 자신이 되기 위하여 구체적인 실천을 하는 것이 중요하다. 레빈은 당장 자신에게 주어지지 않은 결혼과 사랑의 행복에 열정을 쏟기보다 농촌에서 노동하며 사치를 줄이며 농민들의 삶을 개선하기 위해 힘쓸 것을 다짐한다. 귀족이라는 자신의 신분과 나이에 맞게 주변 사람들에게 더 나은 사람으로 성장해 갈 것을 결단하는 레빈의 모습에서 그의 성장한 미래를 기대하게 된다. 자신에게 부족한 것에 집착하고, 이루어지지 않는 욕망에 집착하지 않는 것이 레빈의 반전을 만들어낸다. 레빈은 안나가 불륜의 늪으로 들어가고 있는 동안 계속해서 성숙해간다.

　그는 자신에게 주어진 삶의 현장에 집중한다. 그는 농촌 일에 익숙해지면서 점차 그 일에 기쁨을 느끼고, 삶의 현장에 익숙해진다. 삶의 현장에 익숙해지며, 그 현장에서 행복을 느끼는 사람으로 성장한다는 것은 매우 중요하다. 가정을 이루었다면 배우자로, 자녀가 생겼다면 부모로, 사회에서의 역할이 주어졌다면 그 역할에 익숙해지고 그 안에서 기쁨을 누리는 것이 바로 성장의 비결인 것이다. 그가 농촌에 익숙해지는 장면을 묘사한 부분을 읽어 보자.

'레빈은 오래 베고 있음에 따라 더 한층 무아지경의 순간을 느끼게 됐다. 그때에는 벌써 손이 낫을 내두르는 것이 아니고 마치 낫 자신이 자기 배후에 끊임없이 자기를 의식하고 있는 생명에 찬 육체를 움직이고 있기라도 하듯이 마치 요술에 걸리기라도 한 것처럼 그것에 대한 것이 아무것도 생각하고 있지 않는데도 정확하고 정밀한 일이 저절로 되어 가고 있는 것이었다. 이것이 가장 행복한 순간이었다. … 레빈은 시간이 가는 것을 느끼지 못했다. 만약 누군가가 그에게 몇 시간쯤 베었느냐고 묻는다면 그는 30분쯤이라고 대답했을 것이다.

그러나 시간은 벌써 한낮 가까이 되어 가고 있었다. 두둑을 베어 나아가면서 영감은 레빈의 주의를 키가 큰 풀이며 길을 따라 빵이 든 보따리와 누더기 조각으로 마개를 한 크바스 병을 무거운 듯이 가지고 여기저기에서 그들한테로 찾아오고 있는 것이 간신히 보이는 사내애들과 계집애들 쪽으로 유도하였다. … 레빈은 그들(농부들) 가까이에 가서 자리를 잡았다. 그는 거기를 떠나고 싶지 않았던 것이다.'(3편)

레빈은 농부들의 일에 참여하는 것에 그치지 않고 그들의 생활을 개선하고자 하며, 자신에게 주어진 역할을 충실히 감당하려고 힘쓴다. 형 니콜라이 레빈이 죽어가는 과정을 지켜보며, 죽음에 대해 깊이 생각하고 인생에 대한 성찰을 더해간다. 또한 이부형 세

1947년 비비안 리가 안나 역을 맡았던 영화 <안나 카레니나>의 포스터. 이 영화에서는 안나가 브론스키의 사생아를 유산하는 걸로 내용이 변경되었다.

르게이와의 대화를 통해 농촌의 변화와 더 나은 삶에 대해 고민한다. 레빈은 신앙을 통해 인생의 진정한 의미에 대해 더 깊이 있는 성찰에 도달하며, 영혼이 풍요로운 사람으로 성장해간다.

레빈은 성장하고 있는 가운데 키치와 재회한다. 키치도 브론스키와의 사랑에 실패하고 질병으로 고생하지만, 성경을 보고 봉사활동에 참여하며 한층 성숙한 여인으로 성장한다. 그 둘은 다시 만나 조금씩 서로를 이해하며, 과거의 상처를 극복해 간다. 그리고 건강한 가정을 이루게 된다. 각자의 삶의 자리에서 성장한 두 사람의 가정은 서로를 인격적으로 존중하며, 각자의 맡은 바 책임에 충실한 상태에서 아름답게 빚어져 간다. 그들의 소통은 작품 내내 더 아름답게 묘사된다.

소설의 마지막은 레빈을 묘사하면서 마무리된다. 그는 여전히 인생의 참된 가치와 의미 있는 삶에 대해 성찰해간다. 농촌에 살며, 가정을 이루고, 아이를 돌보는 가운데에서도, 그는 더 나은 삶에 대해 계속 고민하며, 신앙 안에서 그의 생각은 정리되어 간다. 레빈은 더 이상 의지박약이거나 의지 자체가 없는 사람이 아니다. 그는 영원한 가치가 무엇인지 깨닫고 그것을 추구하며 살아가는 사람이다. 인생의 참된 답을 찾는 사람이다. 그의 답이 완전한 답이 아닐 수 있다. 더 나이가 들면 새로운 답이 필요할 수도 있다. 그러나 끊임없이 더 나은 삶을 위해 성찰하고 실천하는 레빈의 모습은 우리가 추구해야 할 삶의 모델이 아닐 수 없다. 답을 찾아가는 그의 성찰의 과정을 묘사하는 소설의 끝 부분을 읽어보자.

아이 방을 나와서 홀로 되자 레빈은 이내 또 무엇인가 뚜렷하지 않은 데가 있던 그 상념을 생각했다.

그 안에서 가지가지 이야깃소리가 들려 오는 객실로 들어가는 대신 그는 테라스 위에 멈추고 난간에 팔꿈치를 짚고 하늘을 바라보기 시작했다. …

(아니, 내 마음을 어지럽히고 있는 것은 도대체 무엇일까?) 하고 레빈은, 그는 아직도 그것을 모르고 있었으나 아무튼 자기 의혹의 해결이 자기 마음속에 이미 준비돼 있는 것을 지레 느끼면서 이렇게 자기 마음에다 말했다.

(그렇다, 하느님 존재에 대한 명료하고 의심할 나위 없는 유일한 표시 ─그것은 계시로서 이 세상에 나타나 있는 선의 법칙이다. 그 법칙을 자기 몸 안에서 느끼고 그 법칙을 인식하는 것에 의해서 나는 다른 사람들과 함께 이른바 교회라는 신자의 무리 속에 자진해서 결합하는 것은 아니지만 어쩔 수 없이 결합되어 있다고 한다면,…) … (나는 전 인류가 가지고 있는 온갖 신앙의 하느님에 대한 관계를 믿고 있는 것이다. … (이 새로운 감정은 내가 공상했던 것처럼 나를 변화시키지도 행복하게도 갑자기 밝게도 해주지 않았다. 꼭 자기 아들에 대한 감정과 마찬가지로 아무런 경이도 일어나지 않았다. 이것이 신앙인지 신앙이 아닌지 무엇이 무엇인지 나는 모른다. 그러나 아무튼 이 감정은 괴로워하고 있는 동안 어느 틈에 내 넋 속으로 들어와서 거기에 튼튼하게 뿌리를 박아버린 것이다.)

(이제부터라도 나는 역시 마부인 이반에게 화를 내기도 하고 쟁론을 하기도 하고 때 아닌 때에 내 사상을 발표하기도 할 것이다. 여전히 내 넋의 지극히 거룩한 것과 남들의 넋 사이에 ─ 아내의 넋과의 사이에까지 ─ 장벽은 쌓일 것이다. 그리고 역시 자기의 공포 때문에 아내를 꾸짖기도 하고 그것을 뉘우치기도

1935년 워너브라더스에서 제작한 영화 <안나 카레니나>에서 안나 역을 맡은 그레타 가르보의 홍보 스틸.

할 것이다. 또한 나는 무엇 때문에 기도하는 것인지 이성으로는 모르면서도 기도할 것이다. 그러나 이제야 내 생활은, 내 온 생활은 이제부터 내 몸에 일어날 수 있는 모든 것을 초월하여, 생활의 순간순간이 이전처럼 무의미하지 않을 뿐만 아니라 내가 자기 생활에 줄 수 있는 의심할 나위 없는 선의 의미를 가지고 있는 것이다.) (8편)

바울은 그리스도를 만나기 전에 살았던 삶의 방식에 집착하지 않는다. 후회도 많고 변명도 하고 싶은 자신의 과거를 넘어 예수 그리스도께 붙잡힌 성숙한 삶을 향해 달려가기로 결심한다. 그리고 끊임없이 더 성숙한 삶을 향해 달려간다. 이것이 스데반을 죽게 만들었던 잊고 싶은 과거의 삶으로부터 탈출하여 위대한 복음 사역자로 바울을 거듭나게 한 비결이다.

'내가 이미 얻었다 함도 아니요 온전히 이루었다 함도 아니라 오직 내가 그리스도 예수께 잡힌 바 된 그것을 잡으려고 달려가노라 형제들아 나는 아직 내가 잡은 줄로 여기지 아니하고 오직 한 일 즉 뒤에 있는 것은 잊어버리고 앞에 있는 것을 잡으려고 푯대를 향하여 그리스도 예수 안에서 하나님이 위에서 부르신 부름의 상을 위하여 달려가노라'(빌 3:12-14)

모든 인간의 삶은, 특별히 하나님 나라를 소망하는 그리스도인의 삶은 날마다 더 나은 내가 되기 위해 답을 찾아가는 과정이어야 한다. 그 과정 속에서야말로 우리는 어느덧 내적으로 꽉 찬 풍요로움을 느끼는 풍성한 삶에 가까이 가 있을 것이다.

안나-브론스키 불륜 이야기와
레빈-키치 가정 이야기가 처음부터 끝까지 교차되는 구조

1편 : 레빈-키치의 깨어짐과 안나-브론스키의 만남

소설은 러시아 귀족 오블론스키(스체판 아르카지치, 애칭으로 스치바)의 불륜이 들통 나 아내 돌리(다리야 알렉산드로브나)와 첨예한 문제가 생기는 장면으로 시작한다.

소설의 첫 문장은 이렇다. '행복한 가정은 서로 고만고만하지만, 무릇 불행한 가정은 그 불행의 모양이 나름 나름이다.' 오블론스키의 가정 문제를 다루면서 인물들이 소개되는데, 먼저 그의 친구 콘스탄틴 레빈이 그를 방문한다. 레빈은 오블론스키의 처제 키치를 사랑하지만, 브론스키에게 빠져 있는 키치에게 매력을 어필하지 못하며 청혼에 실패한다. 18세의 소녀 키치는 진실하고 성실한 레빈보다는 사교계의 매력남 브론스키를 연모한다. 키치의 어머니도 내심 브론스키를 마음에 들어한다.

2012년 상영된 영화 <안나 카레니나>에서 다리야 오블론스카야 역을 맡은 켈리 맥도널드의 스틸 컷(출처: aceshowbiz.com)

오블론스키의 불륜으로 생긴 가정의 문제를 해결하기 위해 여동생이 모스크바를 방문하는데, 그녀가 바로 이미 오래 전 높은 관직의 귀족 카레닌(알렉세이 알렉산드로비치)과 결혼하여 아들까지 둔 안나 카레니나였다. 그녀는 어머니를 기다리던 매력적인 군인 브론스키를 기차역에서 우연히 만난다. 둘은 묘한 감정에 빠져든다. 둘이 만나던 날 기차역에서는 의미심장한 사건이 일어난다. 선로지기가 기차에 치여 죽었던 것이다. 안나는 그 사건을 매우 불길한 징조로 받아들이며, 마차로 오빠의 집에 가는 동안 불안해한다. 안나는 오빠의 집에 가서 남편의 불륜으로 상처 받은 돌리의 마음을 위로하며, 브론스키를 연모하는 키치도 만난다. 그녀는 이상하게도 기차역에서 죽은 선로지기의 미망인에게 200루블을 기부한 브론스키가 계속 생각난다. 오블론스키와 돌리는 화해 무드가 조성되고, 오블론스키가 주최하는 무도회가 열린다. 키치는 한껏 치장을 하고 브론스키와 춤을 추었다. 그러나 이 무도회에서 브론스키를 사로잡은 이는 안나였고, 안나도 역시 브론스키와 같은 마음을 갖는다.

안나와 브론스키에 대한 이야기 이후에 레빈에 대한 이야기가 이어진다. 키치에게 청혼하려던 레빈은 모스크바를 떠나 쓸쓸히 집으로 갔고, 키치는 무도회 이후 브론스키를 잃을 것 같은 예감에 슬펐다. 레빈은 키치에게 청혼을 거부당하고 깨달은 것이 많았다. 상처를 극복하기 위해 자신을 인정하며 더 나은 자기가 되기 위해 결심한다. 그는 운동도 하고, 집안일도 돌보고, 책을 읽는다. 다시 안나와 브론스키 이야기가 이어진다. 둘의 관계를 키치뿐 아니라 사람들이 눈치 채게 되었고, 안나는 모스크바를 떠나려고 기차를 탄다. 그러나 기차에는 브론스키가 타고 있었다. 브론스키는 페테르부르크까지 그녀를 따라왔던 것이다.

2편 : 키치의 질병과 깊어지는 불륜커플의 밀회

키치는 브론스키에게 받은 상처로 질병에 시달린다. 언니 돌리는 브론스키에게 실연당한 것과 레빈의 청혼을 거절한 것에 대해 키치와 대화한다. 키치는 자신을 속인 브론스키를 미워하게 되고, 레빈에 대한 자신의 마음을 확인하게 되었다. 키치는 결국 병 때문에 외국으로 떠난다.

안나의 이야기가 계속된다. 안나는 브론스키를 계속 만난다. 안나와 브론스키는 키치의 병에 대해 이야기한다. 그리고 브론스키는 키치에게 나쁜 짓을 한 것이 바로 안나 때문이라고 말한다. 안나는 브론스키를 비난하고, 관계를 끝내려 하지만 그렇게 되지 않는다. 그들은 가지 말아야 할 길을 계속 간다. 안나와 브론스키가 대화하는 장면을 본 안나의 남편 카레닌은 그 일이 주변 사람들에게 부적절하게 여겨진다는 것에 대해, 그리고 아내를 지켜야 한다는 생각에 안나를 책망한다. 그러나 안나는 브론스키를 계속 만났고, 남편은 제재할 방법을 찾지 못했다.

1878년 미하일 브루벨이 그린 아들을 만난 안나의 모습 삽화.

다시 레빈 이야기로 전환된다. 레빈은 농부들과 가까이하며, 농촌 일에 관심을 기울였다. 전원생활이 레빈의 마음을 사로잡았다. 레빈의 집으로 오블론스키가 방문하고, 키치에 대한 소식을 듣는다.

반면 브론스키와 안나의 밀회는 깊어간다. 브론스키는 경마 대회에서 사고가 나고, 안나와 브론스키의 잘못된 만남은 결국 모든 사람에게 알려진다. 카레닌은 안나를 돌이키려 하지만, 둘의 관계는 완전히 멀어진다.

다시 키치와 브론스키의 이야기가 이어진다. 키치는 외국에 가서 건강을 회복하며 성경을 읽는다. 그녀는 부도덕한 사교계를 떠나 병자들과 가난한 사람들을 돕는다. 그녀는 몸도 마음도 회복되어가며, 고향 러시아로 다시 돌아온다.

3편 : 레빈의 성장

레빈의 이부형이자 저술가인 세르게이가 농촌을 방문한다. 그는 농촌을 하나의 휴양, 회복을 위한 도피처로 본다. 그러나 레빈은 농촌을 유익한 노동의 현장이라고 설명한다. 그는 자신의 삶의 현장인 농촌에서 농민과 같이 생활한다. 형과의 대화를 통해 자신의 삶에 대해 더욱 진지한 고민을 이어간다. 그는 농부들과 풀베기를 하면서 힘들었지만 견뎠다. 그리고 일 속에서 큰 기쁨을 느꼈다. 그는 무아지경에 이르도록 같이 풀을 베고, 농부들과 하나 되어 점심을 먹는다. 그는 오블론스키에게 편지를 받고, 잠시 시골에서 지내는 돌리를 방문해 달라는 부탁을 받는다. 레빈은 상처가 남아 키치 이야기를 하고 싶어 하지 않지만, 돌리는 키치에 대해 이야기한다. 그리고 레빈의 마음을 돌리려고 노력한다. 레빈은 농부들과 점점 하나가 되어 가고, 키치에 대한 상처도 조금씩 회복해 간다.

안나와 브론스키는 경마장에서의 사건 이후 안나와 브론스키는 자신들의 사랑에 더 깊이 매진하고 결심한다. 안나의 남편 카레닌은 브론스키에 대한 복수와 안나와의 이혼이 모두 자신에게 도움이 되지 않는다고 결론을 내린다. 안나-브론스키 커플에게는 아이가 생긴다. 안나는 현실적으로 아들 세르주아를 포기할 수 없어 고통스러워한다. 브론스키도 안나와의 사랑과 자신의 금전적 문제, 미래 문제를 놓고 고민한다. 안나는 집으로 돌아간다. 남편은 계속해서 브론스키와 헤어질 것을 요구한다.

반면 레빈은 노동의 기쁨을 느끼고, 농촌 생활에서 자신을 돌아보며 성장한다. 그 과정에서 키치를 우연히 만나고, 자신이 여전히 그녀를 사랑하고 있다는 것을 알게 된다. 레빈은 농부들과 함께 생활하며, 그들의 상황이 나아져야 한다고 확신한다. 그들이 더 많은 이익을 가져야 한다고 확신한다. 그는 질병을 앓고 있는 형 니콜라이 레빈으로 인해 죽음에 대해 생각하면서 더욱 성숙한 인간이 되어 간다.

1899년 엘머 보이드 스미스가 그린 삽화 '레빈과 키치'

4편 : 결국 현실을 떠나 불륜을 택하는 안나

안나와 카레닌 부부는 한 집에 살지만 남남처럼 지낸다. 브론스키와 안나는 다른 곳에서 계속 만남을 지속한다. 브론스키는 안나를 만나러 카레닌의 집에 가게 되고, 카레닌에게 들키게 된다. 안나는 브론스키에 대해 질투의 발작을 하게 되었고, 불륜의 짜릿함은 여러 문제들로 점점 흐려지고 있었다. 아내가 집에 애인을 끌어들인 것을 알게 된 카레닌은 안정을 찾을 수 없었다. 업무 차 모스크바에 간 카레닌은 안나의 오빠인 오블론스키를 만나, 이혼을 준비하고 있다는 것을 밝힌다.

키치와 레빈은 만찬에서 만나게 된다. 그들은 서로 자신의 잘못에 대해 용서를 구한다. 서로의 마음을 확인하고, 행복한 사랑에 빠져든다. 그들은 결혼을 향해 나아간다.

돌리는 카레닌에게 아내를 용서하라고, 이혼은 하지 말아달라고 부탁한다. 카레닌은 안나가 죽어간다고 집에 와 달라고 하는 전보를 받고 집으로 간다. 거기서 아내와 브론스키를 만난다. 정신을 잃을 정도로 고통스러워하며 안나는 남편에게 용서를 구하고, 브론스키도 용서해 달라고 부탁한다. 남편은 그들을 용서한다. 그러나 브론스키는 집에 돌아와 감정의 소용돌이 속에 자살을 시도하나 실패한다. 안나와 브론스키는 아예 외국으로 떠나 자신들만의 부부 생활을 즐긴다.

1899년 엘머 보이드 스미스가 그린 삽화 '안나에게 간청하는 브론스키'

5편 : 레빈과 키치의 결혼

레빈과 키치는 빨리 결혼을 하기로 했다. 레빈은 너무나 행복했다. 그러나 레빈은 정말 키치가 자신을 사랑하는가 걱정이 되었다. 키치에게 정말 자신을 사랑하는지 묻는다. 두 사람은 정말 사랑하고 결혼해도 되는지 서로 확인한다. 그리고 드디어 부부가 된다.

브론스키와 안나는 격정에 이끌려 유럽을

여행하고 있었다. 안나는 과거에서 자유한 듯 했고, 처음에는 많이 행복했다. 러시아에 두고 온 아들 생각도 거의 나지 않았다. 건강도 회복되었다. 안나는 브론스키에게 빠져 들었다. 안나는 가슴이 설렜다. 브론스키도 안나에게 정중했고, 안나가 바라는 것을 살펴주었다. 그러나 브론스키는 그리 행복하지 않았다. 그는 군복도 벗었고, 사회생활이 없어졌고, 차츰 따분해졌다. 두 사람은 러시아의 시골로 돌아가기로 한다.

레빈 부부는 점차 더욱 행복해졌다. 레빈의 형이 병들었다는 소식에, 키치는 레빈의 반대에도 함께 가서 고통을 나누고자 했다. 레빈은 니콜라이의 여관으로 갔다. 더러운 방에서 죽어가는 형을, 키치가 정성을 다해 돌본다. 형은 키치에게 감사해한다. 키치는 자신의 몸이 아프면서도 남편의 형을 돌보고, 형은 임종을 맞는다. 레빈은 사랑이야말로 죽음과 절망을 이겨내는 신비라고 느꼈다.

알렉세이(카레닌)는 납득이 되지 않는 상황에 너무나 고통스러웠다. 아내와 브론스키를 용서했지만, 그들은 도망가 버렸다. 리지아 부인이 주님의 사랑을 전하며 그를 위로한다. 안나와 브론스키는 러시아에 돌아와 있었다. 리지아는 카레닌과 매일 편지로 위로의 교제를 했다. 카레닌은 백작부인의 반대에도 불구하고 안나와 아들이 만나는 것을 허용해 주려고 한다. 아이는 어머니를 그리워한다. 안나는 자신이 부정한 여인이 되어 있고, 사교계에서 이미 받아들여질 수 없게 되었다는 것을 알고 크게 상처를 받는다. 그녀는 장난감을 사서 아들을 찾아가 만나지만 남편의 발자국 소리에 급히 나오고, 아들의 문제로 안나는 괴로워한다. 아들 문제를 비롯하여 여러 현실적인 문제들이 생기고, 그들의 관계에 균열이 생긴다. 고립된 안나는 브론스키에게 계속 집착하게 된다.

6편 : 채워지지 않는 사랑에 집착하는 안나

돌리는 레빈의 설득으로 동생 키치와 함께 머문다. 레빈가는 사람으로 가득했다. 오블론스키와 돌리는 여전히 서로 좋지 않았다. 그러나 레빈과 키치는 점점 더 행복한 부부가 되어 간다.

돌리는 안나를 방문한다. 안나는 돌리에게 행복하다고 말한다. 브론스키 영지에 살고 있는 안나의 집은 정말 화려했다. 그러나 안나는 사교계와 단절되었다. 브론스키도 자신의 일이 옳은가 그른가 고민하지 않을 수 없었다. 이혼하지 않은 안나, 불륜으로 비난 받는 자신들의 처지, 카레닌 가문의 아이로 되어 있는 어린 생명으로 암울한 상황이 계속된다. 브론스키는 돌리에게 자신의 처지를 한탄한다. 안나는 키치가 훌륭한 남편 레빈과 함께 매우 행복하다는 소식을 듣게 된다. 안나와 브론스키는 아무 곳에도 가지 않고, 가을이라 사람들도 많이 찾아오지 않았다. 그들은 점점 견디기가 어려워진다. 브론스키는 선거를 위해 떠나고, 안나는 혼자 남게 되었다. 브론스키는 선거에 참여했고, 일정한 세력을 얻었다. 그는 사람들과의 관계에서도 좋은 성과를 얻었다. 무도회에도 참석했다. 이렇게 점점 다른 사람과의 관계를 잘 형성해 가고 있는 찰나에 안나에게 편지가 왔다. 브론스키는 사랑의 보금자리로 돌아간다는 것이 짜증이 났다. 브론스키는 안나가 초조해하며 불안해하는 것을 견디기 어려웠다.

7편 : 안나의 죽음

키치와 레빈은 모스크바에 있었다. 키치는 아이를 낳을 준비를 했다. 키치는 브론스키를 우연히 만났다. 레빈도 브론스키와 안나를 보게 되었다. 레빈은 브론스키에 대한 적의를 느꼈고, 안나에게도 매력을 느꼈다. 키치는 안나에 대한 질투심에 불평했다. 레빈과 키치는 소통을 통해 과거를 극복하고, 화해와 하나됨으로 나아간다. 키치는 출산했고, 레빈은 아빠가 되었다.

이에 비해 브론스키와 안나는 계속 다툼이 일어났다. 안나의 오빠 오블론스키는 안나를 불쌍히 여기고 카레닌에게 이혼을 해 달라고 요구했지만 받아들이지 않는다. 브론스키와 안나는 모스크바에서 견딜 수 없었다. 그들 사이에는 점점 더 문제가 커져 간다. 안나는 아무 일이 없어도 질투의 대상을 찾았다. 브론스키가 외출하자 안나는 계속해서 불안을 느꼈다. 브론스키가 돌아오자 안나는 시골로 돌아가는 일정을 두고 또 싸웠다. 브론스키는 화를 내고, 안나는 그가 다른 여자를 사랑하고 있다는

1935년 개봉된 <안나 카레니나>의 안나 역을 맡은 그레타 가르보의 스틸 컷.

것을 확신한다. 안나는 자신을 더러운 여자라고 비난한다. 안나는 상상 속으로 브론스키가 자신에게 막말을 하는 것을 듣는다. 그녀는 이 싸움에서 승리하기 위한 한 가지의 생각에 이르렀다. 죽음. 브론스키가 후회하게 하려면 죽어야 한다는 생각을 한다. 안나는 키치를 만나 열등감을 느낀다. 그녀는 브론스키가 자신을 버렸다고 생각하고, 그의 애정은 식어가고 있다고 확신했다. 그녀는 혼자 기차역에 가서 기차에 몸을 던졌다.

8편 : 인생의 답을 찾아가는 레빈

브론스키는 안나의 죽음 이후 큰 충격을 받아 미치광이 같은 상태가 되

었다. 그러다가 친구의 권유로 세르비아 전쟁에 나갔다. 카레닌은 브론스키와 안나의 아이를 키우겠다고 결심한다.

레빈은 농번기의 긴장상태에 있었다. 호밀이나 귀리를 베고, 가을갈이를 하고, 다른 때의 세 배를 일해야 했다. 농부들에게 있는 흥분이 자기에게도 있었다. 나는 무엇인가? 나는 왜 여기에 있는 것인가? 에 대해 생각했다. 그는 높은 하늘을 바라보며, 사유에 접어든다. 그는 신앙으로 귀결한다. 레빈은 형 세르게이에게 브론스키에 대한 이야기를 듣는다. 레빈은

1919년 필라델피아에서 발행된 《안나 카레니나》에 헬렌 메이슨 그로스가 그린 '끔찍한 절망으로 고통스러워하는 안나' 삽화.

아내와 아들과 함께 아름다운 가정을 이루어 간다. 무의미하지 않은 삶을 살아갈 수 있는 준비가 되어가는 레빈의 성장에 초점을 맞추며 소설은 끝이 난다. 소설의 마지막에 묘사된 레빈의 생각이 이렇다.

그러나 이제야 내 생활은 내 온 생활은 이제부터 내 몸에 일어날 수 있는 모든 것을 초월하여 생활의 순간순간이 이전처럼 무의미하지 않을 뿐만 아니라 내가 자기 생활에 줄 수 있는 의심할 나위 없는 선의 의미를 가지고 있는 것이다.

02장

오 만 과 편 견 을 넘 어
사 랑 을 꽃 피 우 다

제인 오스틴 《오만과 편견》

(번역본 : 김유미 역, 더클래식)

연애소설은 작품성이 떨어진다는
편견(?)을 깨라

대충 말하자면《오만과 편견》은 19세기 초 영국을 배경으로 한 연애소설이다. 제인-빙리, 엘리자베스-다아시라는 두 커플이 만나서 결혼까지 이르는 매우 평범하고 일상적인 내용을 다루고 있다. 그러나 일반적인 연애소설에 등장하는 로맨틱한 장면이나 애정행각에 대한 약간의 묘사도 나오지 않는다. 주인공 엘리자베스와 다아시라는 두 인물을 통해 오만한 첫인상으로 관계를 그르치게 되는 과정과 자신의 편견에 사로잡혀 잘못된 결정을 내리는 과정을 통해 모든 사람이 살아가면서 자주 빠지게 되는 실수를 돌아보게 해 준다. 다아시의 오만한 첫인상은 어떻게 만들어지며 주변 사람들에게 어떻게 오해를 만들어내는지, 엘리자베스의 편견이 어떻게 만들어지고 강화되어져서 중요한 결정을 그르치게 되는지를 너무나 현실적으로 묘사한다. 따라서 독자들은 이 작품을 읽으며 스스로 어떤 편견에 사로잡히진 않았는지 돌아보게 된다. 아울러 자신도 모르게 오만한 첫인상을 주고 있을 수 있다는 반성 또한 하게 한다. 연애소설과 전혀 다른 연애소설《오만과 편견》은 남녀 관계를 넘어 인간이 평생 만나게 되는 수많은 사람들과의 관계에서 흔하게 일어나는 문제를 다룸으로써 자신의 문제를 객관적으로 마주하게 해 주는 힘이 있으며, 좀 더 진실에 근접하여 판단하고 결정하도록 우리를 이끌어준다.

미혼으로 세상을 떠난 작가가
어떻게 연애소설을 썼을까?

제인 오스틴(1775~1817)은 성공회 목사의 딸로 태어났다. 남자 형제들과 비교해서 많은 교육을 받지는 못했지만, 어렸을 때부터 가정에서 많은 문학작품을 접하며 자랐다. 친구나 가족에게 글을 써서 읽어주는 것을 좋아했으며, 14세 때부터 습작을 하기 시작했다고 한다. 상대적으로 교육을 받기 어려운 여성이었지만 가족들의 지지를 받으며 소설가로 자라났다. 그녀도 성인이 되어 가며 많은 사람을 만났고, 사랑하다가 이별의 아픔도 경험했고, 청혼을 받았으나 거절하기도 했다. 작품 속에 이런 내용이 그대로 묘사되어 있다. 작가는 언니와 매우 친하게 지냈다. 작가의 삶의 모습은 언니 카산드라 오스틴과 주고받은 편지에 많이 남아 있는데, 작품 안에서도 주인공 엘리자베스는 언니 제인과 매우 친밀하게 삶을 나눈다.

이 작품과 관련하여 두 가지 중요한 경험이 기록으로 남아 있다.

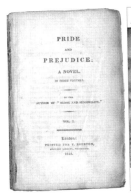

1813년 출간된 《오만과 편견》 초판의 표제지.
《오만과 편견》(김유미 역, 2013년, 더클래식)

1870년에 발행된 《제인 오스틴 회고록》에 여동생 커샌드라 오스틴이 그려 넣은 제인 오스틴 초상화(1810년경).

작가가 21세 때 아일랜드 출신 톰 러브로이라는 사람을 만났고, 남자 쪽 집안의 반대로 헤어짐의 아픔을 경험한다. 이 와중에 《첫인상》이라는 작품을 썼지만, 출판되지 못했다. 작가의 나이 27세에 빅 위저드라는 사람으로부터 프러포즈를 받고, 수락했으나 하루 만에 마음을 바꾸어 거절했던 경험도 있다. 헤어짐의 아픔, 프러포즈를 받아 결혼을 하려다가 마음을 바꿨던 이러한 모든 경험들이 작품에 고스란히 녹아 있다. 《오만과 편견》은 작가 제인 오스틴의 인생이 끝나갈 무렵인 38세에 출판한 작품이지만, 20세 초반에 톰 러브로이라는 사람과 사랑했으나 남자 쪽 가족의 반대로 결실을 맺지 못하고 나서 쓴 《첫인상》이라는 작품을 개작한 것이다. 이 작품의 첫 제목이 왜 《첫인상》이었는지 우리는 짐작할 수 있다. 그가 20세 초반에 만났던 남자 톰 러브로이가 작중의 다아시와 비슷한 캐릭터의 인물이었을 것이다. 그녀는 그와의 사랑에 실패했지만, 작품 속 여주인공은 사랑에 성공했다. 작가의 바람이 투영되었던 것일까? 무엇보다 작가는 사랑에는 실패했을지 몰라도 그 과정에서 모든 인류가 직면하는 인간 내면의 오만과 편견이라는 문제를 포착하여 수많은 사람들이 읽게 하는데 성공한 천재적인 작가다.

인간 이해의 교과서 같은 이 작품으로
영국 소설의 창시자로 평가받는 제인 오스틴

제인은 단 여섯 편의 소설로 영국 소설의 창시자라는 평가를 받았다.

BBC가 '지난 천 년간 최고의 문학가'를 묻는 설문 조사에서 셰익스피어에 이어 2위를 차지했다. 그는 세밀한 관찰력과 정교한 표현력으로 인간의 마음을 그려냈다.

그녀는 이 작품에서 주인공 다아시의 신분과 성격이 여러 행동들과 맞물려 오만한 인상이 형성되는 과정을 너무나 정교하게 그렸고, 엘리자베스라는 여성의 자존심 강한 성격이 주변 사람들의 이야기들을 수용 종합하여 편견을 만들어내는 과정을 극히 사실적으로 묘사했다. 그래서 시대를 초월하여 인간을 이해하는 재밌는 교과서 같은 역할을 하고 있다. 20세기에 들어 이 작품은 영화, 연극, 드라마로 만들어졌다. 이 밖에 자기 자식밖에 모르는 천박한 어머니 베넷 부인, 자신에게 주어진 교구 목사의 직분을 과시하며 아첨과 칭찬의 처세로 살아가며 스스로를 대단한 사람으로 여기는 천박한 목사 콜린스, 결혼을 생계를 위한 통과의례로 여기며 콜린스와 결혼하는 샬럿 등 다양한 인물들까지 너무나 사실적으로 그려냄으로 우리 현실 속에 있는 다양한 인간상에 대해 공부를 할 수 있게 한다. 그녀의 소설을 읽고 있으면, 우리 주변 사람들의 행동들이 이해가 되기 시작한다. 나아가 우리가 이웃들과 살아가는 방법을 찾을 수 있다.

이 소설을 단순한 연애 소설로 읽거나 주인공들의 결혼으로 끝나는 가벼운 작품이라고 비난하는 것은 큰 왜곡이다. 프랑스 혁명을 비롯하여 사회적으로 큰 격변이 진행되

제인 오스틴은 1976년 남자 쪽 집안의 반대로 결혼이 무산되는 와중에 《오만과 편견》의 바탕이 되는 《첫인상》을 쓰며 본격적인 프로 작가가 되었다.

었던 18세기 말에서 19세기 초반에 빅토르 위고의 《레 미제라블》처럼 사회적인 문제를 다루지 않고 연애에 집착하는 작품이라는 비난을 하는 것도 이 작품의 의의를 깨닫지 못하는 리얼리즘의 폭력에 불과하다. 이 작품은 재미와 작품성 두 마리 토끼를 모두 잡은 위대한 작품이다.

18세기 영국의 신분문화와 결혼, 그리고 한정 상속

　작품의 배경이 되는 18세기 말 영국의 상류계급은 작위를 가진 귀족이 있고, 그 외에 지주 계급이 있었다. 그런데 같은 지주 계급도 혈통과 친족, 재산 등에 따라 계급이 나뉘어져 있었다. 이런 것들이 결혼 등 현실 문제에서 큰 벽으로 작용하고 있었다. 이 작품에 나오는 인물들은 대부분 지주 계급이다. 다아시는 지주 계급이지만, 귀족과 인척 관계가 있고, 연 수입 1만 파운드 이상의 재산이 있는 높은 지주계급에 속했고, 빙리는 그보다는 좀 떨어지지만 그래도 부유한 지주계급이다. 여주인공 베넷 가문은 중하위계급의 지주에 속했다. 베넷 여사는 어떻게든 더 부유한 지주계급의 신랑과 결혼을 시키려고 온갖 천박함을 드러내는데 이런 분위기는 돈을 결혼의 중요한 조건으로 여기는 현대 사회와 별로 다르지 않다. 높은 지주계급인 다아시는 낮은 지주계급 출신인 엘리자베스가 당연히 자신의 청혼을 받아줄 것이라고 생각하고 청혼을 하는데, 영국의 신분문화의 결혼에 대해 이해한다면 납득이 가는 것이다. 물론 콜린스와 같이 직업을 가지고 있는 사람들은 신분이 낮은 사람으로 취급되는데, 작중 위컴(군인), 콜린스(목사) 등은 그리 높은 계급은 아니었다. 그들도 돈이 많다면 이야기는 달라지지만 말이다.

작품을 이해하기 위해 당시의 상속 제도를 알아야 한다. 베넷 가문은 다섯 명의 딸들만 있었다. 성경 민수기에 나오는 슬로브핫의 딸처럼 이들도 땅을 상속하는 문제로 불리한 위치에 있다. 당시 영국에는 한정 상속이라는 제도가 있었다. 한정 상속이란 재산을 가정의 장자(아들)가 상속하고, 나머지 형제들은 결혼할 때 일부 지참금을 받는 제도다. 베넷 가문은 아들이 없기에 재산을 가까운 친족이 상속하게 된다. 베넷 가문의 딸들은 약간의 지참금만 가지고 결혼할 수밖에 없는 불리한 조건이었다. 베넷 가문의 땅을 상속할 자격을 갖춘 사람은 천박한 인간 콜린스다. 콜린스는 상속의 권리와 교구 목사의 안정된 수입을 자랑하며 당당하게 엘리자베스에게 청혼한다. 베넷 가문의 딸들이 재산도 없는데다가 상속도 받을 수 없는 위치에 있었기에 이런 당당한 청혼이 가능했던 것이다. 여성은 미래를 위해 재산이 많은 남자와의 결혼이 필요했으며, 신분이 낮은 남자는 상속 재산이 많은 부유한 여성을 결혼상대로 찾으려고 했다. 주인공 엘리자베스의 친구 샬럿은 높은 신분도 아니며 매력도 없는 콜린스의 청혼을 받아들이는데, 일정한 상속 재산과 수입을 갖춘 그와의 결혼이 자신의 미래를 위한 가장 현명한 선택이었기 때문이다.

《오만과 편견》 1895년판 56장에 삽입된 C.E. 브룩의 엘리자베스 베넷 삽화.

편견은 첫인상에 대한 속단에서 시작하여, 상처 받은 자존심으로
강화된다. 편견으로 인생에 큰 문제가 생길 수 있다

엘리자베스(리지)는 지적이며, 자존심이 강하고, 쾌활한 성격을 가진 여
성이다. 그녀는 다아시라는 남자 주인공에게 지독한 편견을 갖는다. 그녀
는 수려한 외모에 많은 재산을 가진 청년 다아시의 첫 번째 청혼을 받고,
확신에 차서 다음과 같이 말한다.

> 처음부터, 그러니까 다아시 씨를 알게 된 그 순간부터 저는 당신의 태도
> 를 보고 오만하고 잘난 척하고 다른 사람의 감정을 무시하는 사람이라
> 고 확신했어요. 그런 거부감이 바탕에 깔려 있는 데다 그 후에 일어난
> 일들이 당신에 대한 혐오감을 굳어지게 했죠. 그러니까 당신을 알게 된
> 지 한 달도 안 돼서 저는 당신하고는 어떤 일이 있어도 결혼하지 않을
> 거라고 마음먹었어요.(2부 11장)

청혼을 거부하며 했던 리지의 말에서 그녀의 편견이 만들어지고 강화
된 과정이 그대로 드러난다. 그녀는 냉철한 판단력의 소유자라고 자부하

며 모든 것을 긍정적으로만 생각하는 언니를 타박한다. 그러나 결국 그녀는 작중 인물 중 서글서글한 성격만 추가하면 완벽할 정도의 남자인 다아시의 청혼을 단칼에 거부하고, 오히려 위컴이라는 사기성이 다분한 군인에게 큰 호감을 느낀다. 그녀의 편견은 다아시의 첫인상에 대한 속단에서 시작된다. 무도회에서 자신과 춤을 추지 않은 그에게 자존심의 상처를 입고 더욱 강화된다. 우리의 짧은 생각과 경험이 첫인

《오만과 편견》 1895년판 18장에 삽입된 C.E. 브룩의 다아시 삽화.

상을 만들어내고, 그 속단은 자신의 판단이 옳았다는 한 가지 사건으로 강화된다.

　그녀는 작중에서 진실을 알기 전까지 가장 악하고 위선적인 인물인 위컴을 가장 좋아하고, 가장 좋은 조건과 더불어 진실한 마음을 가진 다아시를 가장 싫어한다. 왜 똑똑한 리지가 이런 판단을 하게 되었는가? 다아시의 집안은 리지의 집안과는 비교가 안 되는 부유한 집안이다. 모든 여성들이 원할 만한, 요샛말로 사기캐 같은 남자다. 게다가 다아시는 수려한 용모와 품위 있는 몸가짐까지 갖춘 청년이다. 다만 그는 주변인들에게 서글서글하게 대하는 것이 어려운 사람이었을 뿐이다. 자존심이 강한 리지는 좋은 조건을 가지고 있는 다아시가 무뚝뚝한 것은 오만하기 때문이라고 지레 단정한다. 다아시가 어떤 사람인지 알아보기도 전에 다아시를 나쁘게 생각한다. 무도회에 참석한 다른 사람들도 사람들과 잘 어울리지 못하는 다아시의 무뚝뚝한 모습에 마음을 돌린다. 자존심 강한 리지는 자신보다 좋은 조건을 가진 다아시가 불편하다. 그 불편함은 다아시가 나쁜

사람일 거라는 심증을 만든다. 다아시는 그런 심증을 부추길 만큼 충분히 무뚝뚝하며, 그 무뚝뚝함은 오만함으로 해석된다.

여기에 리지의 자존심이 상하여, 그녀의 심증을 더 강하게 만드는 사건이 일어난다. 두 사람은 다아시의 무도회에서 처음 만나게 되는데, 다아시는 사교적인 사람이 아니어서 무도회에서 여성들에게 친절하게 대하지 못한다. 춤을 권하는 친구 빙리에게 이렇게 말한다.

> 나는 춤추고 싶은 생각이 전혀 없네. 잘 알지도 못하는 여자와 춤추는 걸 내가 얼마나 질색하는지 자네도 알지 않나. 이런 데서 춤추는 건 도저히 못할 노릇이야. 자네 누이들은 벌써 파트너가 있고, 다른 여자와 춤추는 건 내게 고역이야.(1부 3장)

사람들과 잘 어울리지 못하고 동료들과만 시간 보내고 있는 친구 다아시에게 빙리가 리지와 춤을 추라고 권한다. 다아시는 리지에게 큰 매력을 느끼지 못한다고 말을 하는데, 그것을 자존심 강한 리지가 듣게 된다. 이

1907년판 《오만과 편견》에 C.E. 브록이 그린 표제지.

런. 이제 리지에게 다아시는 세상 어떤 사람보다 오만하고 나쁜 성품을 가진 놈이 되고 만 것이다. 상처 입은 자존심은 그녀의 편견을 콘크리트처럼 단단하게 만든다.

리지의 친구 샬럿은 다아시가 오만할지라도 그럴 만한 좋은 조건이 있으니 그냥 인정하기로 한다. 자존심이고 뭐고 없는 샬럿은 다음과 같이 말한다. 샬럿은 자존심이 강하지 않은 사람이라서 편견에 빠지지는 않는다. 리

지도 샬럿의 말에 어느 정도 공감한다.

'그분이 거만하게 행동하는 건 다른 사람들이 잘난 척하는 것과는 달라요. 전 그다지 거부감이 들지 않았어요. 충분히 그럴 만한 사람이니까요. 집안이며 재산이며 모든 걸 다 갖춘 남자가 게다가 잘생기기까지 했으니 자부심을 가질 만하죠. 이렇게 표현해도 될지 모르지만, 그 사람은 오만할 권리가 있어요.', '그건 맞는 말이야. 그 사람이 내 자존심을 구겨 놓지만 않았다면 나라도 그 사람의 오만함을 용서할 수 있었을 거야.'(1부 5장)

사실 다아시가 오만해 보이는 것은 사실이지만, 리지의 자존심과 이에 타격을 준 개인적인 사건이 편견의 주요 원인이라는 것은 분명해 보인다. 자존심 같은 건 중요하지 않은 샬럿, 자존심에 상처를 입을 만한 개인적 사건이 없었던 그녀는 오히려 그를 긍정적으로 평가하고 있지 않은가?

리지의 편견은 자신의 인생을 파멸로 몰고 갈 뻔했다. 얼마 후 그녀는 다아시와는 전혀 다른 친근해 보이는 사람을 만나는데, 바로 위컴이라는 군인이었다. 이미 다아시에 대한 편견에 사로잡혀 있던 리지는 그를 맹비난하는 위컴, 그것도 자신에게 매우 친근하고 겸손한 태도로(사실 이것은 사기꾼의 위선이었다) 다아시의 과거를 조작하는 위컴의 말을 찰떡같이 믿는다. 위컴에 의하면 다아시는 선친의 유언도 무시하고 위컴에게 주어질 목사자리를 다른 사람에게 준 나쁜 놈이다. 다아시의 여동생도 오빠를 닮아 자존심이 하늘을 찌르는 나쁜 아이다. 리지는 다아시가 나쁜 놈이라는 것을 믿고 싶기 때문에 위컴의 거짓말을 그대로 믿는다. 다아시는 그녀에게 이미 나쁜 놈이어야 하기 때문이다. 다아시에 대한 악감정이 위컴에 대한 호감으로 이어지며 그의 말이라면 무비판적으로 옳게 받아들인다. 이런 상황이 계속 되었으면, 리지는 작중 인물 중 최악의 인물을 사랑하게 될 수도 있었다. 예리한 판단력을 소유했다고 자부하는 사람이 얼마나 어리석은 판단을 하고 있는지 보이는가? 그 과정이 너무 정확하게 묘사되어 있다. 리지는 자존심으로 편견을 형성하고, 그 편견으로 정보의 진위를 결정한다.

다아시에 대한 편견으로 위컴에 대한 호감을 느끼고 그가 한 말을 다 믿고 있는 리지는 무도회에 위컴이 오지 않은 것을 보고, 다아시 때문에 위컴이 참석하지 못했다고 생각하고 매우 불쾌해하며 증오심을 키워간다. 그러나 사실은 다아시가 위컴을 못 오게 한 것이 아니고, 위컴이 떳떳하지 못하기 때문에 나타나지 않은 것인데 말이다. 리지는 빙리가 제인을 떠나 런던에 간 것도 다아시가 자기 여동생과 빙리를 연결해 주려고 만든 계략이라고 믿는다. 그러나 이것 또한 제인의 가족들을 특히 어머니 베넷 부인의 천박한 처사를 보면서 빙리가 제인과 결혼하지 않는 것이 좋겠다고 진심으로 충고한 것일 뿐이다. 리지의 편견은 다아시와 관련된 모든 사건을 다아시에게 부정적으로 해석한다. 다아시가 작중에서 가장 사려 깊고, 변덕도 없으며, 신분이나 재산으로 다른 사람들을 무시하는 인물도

《오만과 편견》 51장에 휴 톰슨이 그린 조지 위컴의 삽화.

아니었음에도 불구하고 말이다.

생각해 보면 자존심 강한 성격에 스스로 똑똑하다고 생각하고 자신의 판단을 확신하는 리지 역시 오만한 사람이라고 할 수 있겠다. 자신의 자존심이 상처를 입었기 때문에 일어나는 사건을 오해하고, 남들이 제공하는 정보를 잘못 받아들인다. 편견은 이렇게 똑똑한 사람

을 완전히 어리석은 사람으로 만들고, 스스로 그것을 깨닫지 못하게 한다. 작중에서는 리지의 편견이 깨어지며 해피엔딩으로 마무리되지만, 만약 다아시의 청혼을 거부하고 위컴에 대한 진실을 알지 못한 채 위컴에게 청혼을 받아 결혼을 하게 되었다면 리지의 인생은 어떻게 되었을까? 이런 끔찍한 가정을 해 본다면 리지의 편견이 얼마나 심각하게 인생을 망칠 수 있는지 금방 깨닫게 된다.

목수의 아들 예수님에 대한 편견이 나사렛 사람들을 영원한 불행으로 몰고 갔다는 것을 기억하자. 편견이 우리의 인생에 얼마나 치명적인 문제를 만들어내는지 잘 보여주는 성경의 한 장면은 예수님께서 고향 나사렛에서 배척을 받은 사건이다. 예수님은 갈릴리 나사렛이라는 시골 동네에서 목수의 아들로 자랐으나, 많은 제자를 거느리고 나사렛에 가서서 회당에서 놀라운 가르침을 주었다. 사람들은 예수님의 지혜에 놀랐고, 그가 행하시는 권능을 보며 큰 충격에 빠졌다. 그들이 편견 없이 예수님을 바라

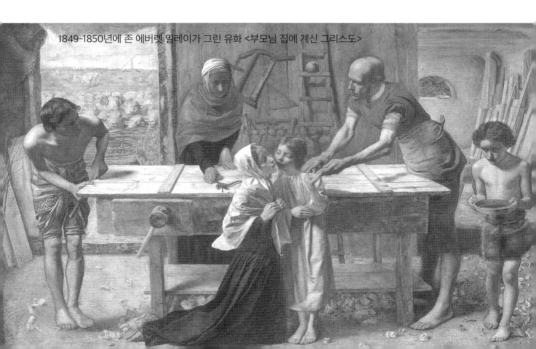

1849-1850년에 존 에버렛 밀레이가 그린 유화 <부모님 집에 계신 그리스도>

보았다면 그를 스승으로 맞아들이고, 더 자세히 그의 교훈을 들으려 했을 것이다. 그들은 후에 예수님을 믿고 영원한 복음의 축복을 누리게 되었을 것이다. 그러나 그들은 이렇게 반응한다.

'이 사람이 마리아의 아들 목수가 아니냐 야고보와 요셉과 유다와 시몬의 형제가 아니냐 그 누이들이 우리와 함께 여기 있지 아니하냐 하고 예수를 배척한지라'(막 6:3)

이미 예수에 대한 편견을 가지고 있던 나사렛 사람들은 그의 교훈과 권능을 직접 보고도 믿지 않았다. 분명히 드러난 예수의 메시아성과 그의 신성을 무시하고, 그를 여전히 자신들이 익히 알고 있던 목수의 아들, 즉 편견 아래 두었다. 우리는 편견이 얼마나 자연스럽게 우리의 뇌를 점령하는지 깨달아야 한다. 편견이 얼마나 심각하게 진실을 왜곡하고, 외면하게 하며 우리의 인생을 망칠 수 있는지 주의 깊게 생각해야 한다. 나사렛 사람들은 인생에 가장 좋은 기회를 놓쳤다. 그들은 영원하신 주님을 거부하

1894년판 《오만과 편견》 32장에 휴 톰슨이 그린 샬롯 콜린스의 집에 있는 다아시와 엘리자베스.

고, 인생에 찾아온 가장 소중한 기회를 놓쳤다. 그들은 끝까지 자신들이 옳았다고 생각하며, 정신승리 속에 삶을 마감했을 것이다. 우리는 편견으로 우리 인생에 찾아온 좋은 인연을 거부할 수도 있으며, 스스로 속아서 사기를 당할 수도 있다. 우리의 자존심이 편견을 만들어내고 있지 않은지 돌아보자. 우리가 편견으로 확증편향에 쉽게 도달하고, 진실을 외면하고 있지는 않은지 성

찰해 보자. 우리가 편견에서 벗어날 수만 있다면 인생은 훨씬 더 나은 경
지에 도달하게 될 것이다.

자신의 생각을 의심해보고 자신의 무지를 인정할 때
편견에서 벗어날 수 있다

다아시는 리지를 오랫동안 좋아했지만, 리지는 그것을 눈치 채지 못한
다. 그리고 어느 날 불쑥 다아시가 엘리자베스(리지)에게 청혼을 하게 된
다. 리지는 맹비난과 함께 청혼을 거절하며 빙리와 제인의 관계가 깨어
진 것에 대해, 또한 위컴을 어려운 상황에 처하게 한 것에 대해 자신의 생
각을 쏟아낸다. 다음 날 다아시는 장문의 편지를 써서 엘리자베스에게 이
두 가지 일에 대해 진심을 다해 자신의 입장을 전한다. 만일 그녀가 자신
의 편견에 사로잡혀 이 편지를 거부하거나, 대충 읽고 거짓말이라고 여겼
다면 사정은 전혀 나아지지 않았을 것이다. 그녀는 진실에 접근할 수 없
게 되었을 것이다. 그러나 그녀는 편지를 꼼꼼히 읽어본다. 그리고 지금까
지 있었던 일에 대해 다시 생각해 보게 되었다. 엘리자베스는 편지를 읽
으면 읽을수록 혼란스러웠다. 특히 위컴과 다아시 사이에 일어난 일에 대
해서 누구의 말이 옳은지 깊이 생각해보게 되었다. 그녀는 위컴에게 들었
던 말에 대한 일방적인 자신의 판단을 의심하기 시작했다. 그리고 너무도
상반된 두 사람의 의견을 종합해서 따져보았다. 비로서 엘리자베스는 과
거의 판단에 대한 의심을 통해 오해로부터 서서히 벗어나게 된다.

엘리자베스는 다시 편지를 읽어 내려갔다. 한 줄 한 줄 읽을수록 점점
더 분명해지는 사실이 한 가지 있었다. 그것은 다아시가 어떤 비열한 계

략을 쓴다고 해도 결국 그의 파렴치한 행동이 만천하에 드러나게 될 거라고 생각했던 자신의 생각이 이전과는 달라졌다는 사실이었다. 오히려 그가 결백할지도 모른다는 생각이 들었다.

다아시가 거침없이 비난했던 것처럼 위컴이 정말 그렇게 사치스럽고 방탕한 생활을 했다면 그것은 엘리자베스에게 충격적인 일이었다. 하지만 그런 비난이 부당하다는 증거도 없었다. 위컴이 부대에 들어가기 전에 어떤 생활을 했는지 알려진 게 전혀 없었다. … 위컴이 진짜 어떤 사람인지 알아볼 방법이 있었다고 하더라도 엘리자베스는 그럴 필요성을 전혀 느끼지 못했다. 그는 용모와 목소리와 몸가짐만으로 상대방에게 모든 미덕을 갖춘 사람으로 믿어 버리게 만드는 능력이 있었다. 엘리자베스는 다아시의 공격에서 위컴을 방어할 만한 그의 행동을 기억해 내려고 애썼다. 위컴이 특별히 정직하고 훌륭한 일을 한 적이 있다면, 다아시가 비난한 것처럼 그가 오랫동안 나태하고 방탕한 생활을 했다는 사실을 작은 실수 정도로 돌릴 수도 있었을 것이다. 그러나 그런 사례는 한 가지도 생각나는 게 없었다. 매력적이고 유쾌한 위컴의 몸가짐이나 언변은 금방 떠올릴 수 있었고, 뛰어난 사교성으로 사람들에게 인기가 많다는 건 인정할 수 있었지만, 그 이외에 실제적인 미덕이나 미담은 생각나지 않았다. 엘리자베스는 이 부분에서 읽는 것을 중단하고 잠시 생각에 잠겼다가 다시 편지를 읽어 나가기 시작했다.(2부 13장)

엘리자베스는 자신의 감정에서부터 출발한 편견으로 거짓의 노예가 될 뻔했다. 그러나 진실은 의외로 가까운 곳에 있었다. 편견을 내려놓고 다시 과거를 되짚어보니 그녀가 위컴의 행동을 유리한 쪽으로 해석하려 했던 것이 분명해졌다. 사실 다아시는 오만해 보이는 것을 빼면 실제로 원칙에서 어긋나거나 부당한 행동을 한 적이 없다는 것도 인정하게 되었다. 엘리자베스는 이렇게 탄식한다.

> 내 판단력을 너무 과신했어. 내 지성을 너무 과대평가했어. 관대하고 솔직
> 한 언니의 성품을 은근히 비웃고, 근거 없이 남을 의심하는 걸로 내 허영
> 심을 만족시켰던 거야. 이제야 깨달았어. 정말 부끄럽고 수치스러워서 견
> 딜 수가 없어. 내가 사랑에 빠졌다고 해도 더 이상 우매할 수는 없었을 거
> 야. 하지만 내 어리석음은 사랑 때문이 아니라 허영심 때문이었어.
>
> 　두 남자를 처음 알았을 때부터 난 너무 분별력이 없었어. 한 사람이
> 내게 호감을 표시하는데 기분이 우쭐했고, 다른 한 사람이 나를 무시하
> 는 게 불쾌해서 참을 수가 없었던 거야. 그래서 두 사람의 일에 관해서
> 편견과 무지에 사로잡혀 있었어. 이 순간까지도 나는 자신을 너무 몰랐
> 어. (2부 13장)

이 부분에서 작가는 사람이 편견에서 벗어나기 위해서는 우리 스스로
는 얼마든지 편견에 사로잡혀 있는 무지한 인간이 될 수 있다는 사실을
인정하는 것이 해결책이라고 말하고 있다. 리지는 자신이 편견과 무지에
사로잡혀 있는 허영심 가득한 인간이라는 것을 깨닫는다.

많은 복음사역자들이 허영심으로 자신보다 뛰어난 사역을 하는 바울을
질투하고 깎아내렸다.

> '어떤 이들은 투기와 분쟁으로 … 그리스도를 전파하나니 … 그들은 나
> 의 매임에 괴로움을 더하게 할 줄로 생각하여 순수하지 못하게 다툼으
> 로 그리스도를 전파하느니라'(빌 1:15-17)

이들은 바울에 대해 온갖 편견을 만들어냈다. 그가 환난을 당하고 박해를 받고 굶주림과 궁핍에 처하는 상황을 보고 그를 무시했다. 바울은 복음 사역자인 자신이 환난을 당하고 무명해 보이고 가난한 것은 보배를 담은 질그릇처럼 하나님을 드러내기 위함이라고 말한다.

> '우리가 이 보배를 질그릇에 가졌으니 이는 심히 큰 능력은 하나님께 있고 우리에게 있지 아니함을 알게 하려 함이라'(고후 4:7)

바울은 보이는 것이 전부가 아니라고 말하면서 당시 다른 복음 사역자들이 가지고 있는 편견을 책망한다. 주님을 위해서 수고하고 애쓰는 이들은 무명하고 가난하고 징계를 받는 자처럼 보이지만 실제로는 모든 것을 가진 자라고 변호한다.

> '우리는 속이는 자 같으나 참되고 무명한 자 같으나 유명한 자요 죽은 자 같으나 보라 우리가 살아 있고 징계를 받는 자 같으나 죽임을 당하지 아니하고 근심하는 자 같으나 항상 기뻐하고 가난한 자 같으나 많은 사람을 부요하게 하고 아무 것도 없는 자 같으나 모든 것을 가진 자로다'
> (고후 6:8-10)

같은 복음 사역자들끼리도 이렇게 허영심에서 나온 편견으로 주님의 몸된 교회를 해할 수 있음에 마음이 섬뜩하다. 우리는 우리 안에 있는 허영심, 그 허영심에서 나오는 질투, 질투를 정당화하는 편견을 반드시 살펴보아야 한다. 그리고 다른 이들을 질투하고 비판하는 우리 자신의 생각을 의심해 보고, 때로 자신이 무지했음을 인정하는 과정이 있어야 한다. 끊임없는 이러한 과정을 통해 편견을 극복하고 하나님 나라를 이루는 삶으로 성숙해 나아가기를 소망해야 할 것이다.

오만은 모두가 가진 문제이며,
진실한 삶과 상대방에 대한 진심으로 오만은 극복될 수 있다

원래 이 작품의 제목은 '첫인상'이었다. 오만해 보이는 첫인상 때문에
생기는 문제를 다룬 작품이기 때문이다. 오만해 보이는 첫 인상은 다아시
의 좋은 조건으로 인해 생겼다. 높은 지위에 있는 친족들, 많은 수입, 키
크고 잘 생긴 타고난 유전자 … 이런 사람은 아무 것도 안 해도 오만해 보
이는 첫인상을 만들어낼 수 있다. 실제로도 그는 오만한 표정을 하고 다
녔으며, 자신의 불편한 감정을 쉽게 겉으로 드러냈다.

빙리의 친구인 다아시는 큰 키와 멋진 체격, 수려한 용모와 품위 있는
몸가짐으로 단숨에 사람들의 관심을 끌어 모았다. 게다가 그가 파티에
들어선 지 5분도 되지 않아서 그의 연 수입이 1만 파운드나 된다는 말이
온 방 안에 퍼져 나갔다. 남자들은 그의 인물
이 출중하다고 칭찬했고, 여자들은 빙리 씨
보다 훨씬 더 미남이라고 치켜세웠다. 그를
바라보는 찬탄의 시선은 그날 밤 파티 중반
까지 계속되었다.

그러나 사람들과 어울리는 걸 싫어하는
듯한 그의 거만한 태도는 곧 사람들에게 거
부감을 일으켰고 그의 인기도 더불어 시들어
버렸다. 더비셔에 엄청나게 큰 영지를 소유

2005년 각색된 영화 <오만과 편
견>에서 피츠윌리엄 다아시 역의
매튜 맥퍼딘의 흉상

하고 있다는 사실도 그의 오만한 표정과 불쾌한 태도를 상쇄할 수는 없었다. 그는 친구인 빙리와는 비교할 상대조차 되지 못하는 인물로 전락해 버렸다.(1부 3장)

다아시는 첫인상만 오만해 보이는 것이 아니라, 실제로 자신의 좋은 조건과 사회적 배경으로 형성된 오만함이 있었다. 다만 사람들에게 서글서글하게 대하지 못하는 성격이 그의 오만한 첫인상을 더 강화시킨 것이었다. 리지에게 청혼하는 장면에서 볼 수 있듯이 다아시는 자신과 엘리자베스의 신분 차이가 애정을 가로막는다고 말함으로써 오만함의 정점을 찍는다.

그는 엘리자베스에 대한 애정을 표현할 때보다 자신의 민감한 자존심에 대해 얘기할 때 더 열성적이었다. 그는 자신의 집안에 불명예가 될 엘리자베스의 열등한 신분이 그의 애정을 가로막는 방해물이 되었다고 장황하게 설명을 늘어놓았다. 그의 웅변은 상처받은 자신의 자존심을 변호하기 위한 것이었지만, 엘리자베스의 마음을 얻는 데는 오히려 더 큰 걸림돌이 되었다.(2부 11장)

다아시는 오만하며, 모든 사람은 나름대로의 오만함을 가지고 있다. 작품의 초반에 리지는 친구 샬럿과 가족들과 다아시의 오만함에 대해 이야기한다. 그 과정에서 리지의 동생 메리는 인간이 본래 오만에 빠지기 쉽다면서 다음과 같이 자신의 의견을 피력한다.

내 생각에 오만은 인간에게 매우 흔한 약점이야. 내가 지금까지 읽은 책에 따르면 오만은 모든 인간에게 공통적인 성향이야. 인간은 본성적으로 오만에 빠지기 쉽게 되어 있어. 그리고 실제건 상상이건 자신의 특성에 대해 나름대로 자만심을 갖고 있지 않은 사람은 거의 없다고 봐야 해. 허영과 오만은 흔히 같은 의미로 쓰이지만 사실은 전혀 다른 거야. 허영이 없는 사람도 오만할 수 있어. 오만은 자기 자신을 바라보는 관점에서 비롯된 것이고, 허영은 다른 사람들이 자신을 어떻게 봐 주기를 원하는가 하는 문제에게 비롯된 거야.(1부 5장)

참 정곡을 찌르는 말이 아닐 수 없다. 우리는 오만이 우리 모두의 공통적인 성향이라는 것을 받아들일 필요가 있다. 자신이 잘났다고 생각하며 다른 사람을 어떤 식으로든 깎아내려서 나의 우월함을 드러내려는 나름대로의 자만심은 우리의 조건과 상관없이 우리 안에 있다. 오만은 자기를 바라보는 관점에서 생기는 것이기 때문이다.

진실한 삶과 상대방에 대한 진심으로 오만이 해결된다. 다아시는 주변 사람을 돕고 나름대로 원칙 있는 삶을 살았다. 그의 오만함이 그의 삶을 나쁘게 해석하게 만들었지만, 결국 빙리와 리지 등 주변 사람들은 다아시의 삶의 모습을 알게 된다. 특히 다아시 집안에서 일하는 하녀로 인해 증명된다. 다아시는 리지에게 진심으로 사과하고, 자신의 사랑을 진심으로 표현한다. 그가 오만함에서 완전히 벗어날 수 있었는지 모르지만, 그의 오만함은 이 사랑의 결실을 막지 못했다.

1833년판 《오만과 편견》 표제지에 실린 엘리자베스(左)와 레이디 캐서린(右).

우리는 모두 오만함에 갇혀 있을 가능성이 높다. 그 오만함이 우리의 삶에 큰 장벽이 될 수 있다. 다아시에게 오만함은 사랑의 결실을 막는 장벽이 될 수 있었듯이. 우리는 우리 자신을 위해서, 나아가 복음으로 세상을 복되게 하는 사명을 위해서 더욱 진실한 삶을 훈련하고, 항상 이웃을 진실한 마음으로 대해야 할 것이다. 베드로는 그리스도인들이 선한 청지기로 이웃을 어떻게 대해야 할지 교훈한다.

'서로 대접하기를 원망 없이 하고 각각 은사를 받은 대로 하나님의 여러 가지 은혜를 맡은 선한 청지기 같이 서로 봉사하라. 만일 누가 말하려면 하나님의 말씀을 하는 것 같이 하고 누가 봉사하려면 하나님이 공급하시는 힘으로 하는 것 같이 하라. 이는 범사에 예수 그리스도로 말미암아 하나님이 영광을 받으시게 하려 함이니 그에게 영광과 권능이 세세에 무궁하도록 있느니라. 아멘'(벧전 4:9-11)

제1부 : 오만한 첫인상으로
편견이 형성되고 굳어지다

소설의 첫 부분은 이렇게 시작한다.

사람들은 돈 많은 미혼 남자는 당연히 신붓감을 찾고 있을 거라고 믿는다. 이런 믿음은 사람들의 마음속에 보편적인 진리처럼 단단히 자리를 잡고 있어서, 그런 남자가 이웃으로 이사라도 오게 되면 딸을 가진 집에서는 본인의 감정이나 의사와는 상관없이 마음대로 그 남자를 자기 딸에게 적당한 배필감으로 점찍는다.

그리 부유하지 않은 한적한 농촌의 지주 집안 베넷 씨의 가정에는 다섯 명의 딸이 있었다. 딸들의 엄마 베넷 부인은 딸들을 부유한 남자와 결혼시키려고 혈안이 되어 있는 천박한 성품의 소유자다. 그녀는 자신의 집 근처 네더필드에 빙리라는 부유한 미혼 남자가 이사를 온다는 소식을 듣고, 자신의 딸들을 위한 신랑감으로 점찍는다. 빙리는 부유한데다가 서글서글한 성품의 소유자로 주변 여성들의 관심을 받는다. 그는 베넷 가문의 아름다운 딸 제인을 좋아하게 된다. 이에 제인 뿐 아니라 그녀의 가족 전체가 좋아서 난리가 난다. 다만 냉정한 판단력의 소유자 리지는 부유하다고 잘난 척하는 것 같은 빙리의 가족들이 마음에 들지 않는다.

한편 빙리와 같이 무도회에 나온 다아시라는 친구가 등장하는데, 빙리보다 더 크고 수려한 용모에 훨씬 부유했다. 그래서 처음에는 많은 여성들의 관심을 받지만 그닥 사교적이지 못했다. 게다가 오만한 첫인상을 남기게 되고 마침내 여성들의 관심에서 벗어난다. 특히 무도회에서 제인과 춤을 추며 잘 어울리던 빙리가 친구 다아시에게 제인의 동생 엘리자베스(리지)와 춤을 추라고 권하는데, 그 정도로 매력적이지는 않다고 답하는 것을 리지가 듣고 자존심에 큰 상처를 받고 악감정을 품게 된다.

리지를 포함한 베넷 가족들과 다아시를 포함한 빙리 가족들은 자주 교

1820년 윌리엄 블레이크가 그린 <Q 부인의 초상화>에 대해 제인 오스틴은 커샌드라에게 보낸 편지에서 빙리 부인과 매우 흡사하다고 설명했다.

제한다. 제인과 빙리는 서로 더욱 좋은 감정을 품게 된다. 여기서 뜻밖의 일이 일어난다. 다아시가 발랄한 태도와 지적 면모를 갖춘 리지를 좋아하는 감정이 생기게 된 것이다. 문제는 리지의 가정이 아주 적은 수입을 가진 땅을 소유한데다가, 아들이 없어서 당시의 상속법으로는 딸들이 상속을 받을 수도 없다는 것이었다. 리지의 친척들도 변변치 않았다. 특히 그녀의 어머니 베넷 부인은 리지 자신도 부끄러워할 정도로 천박한 처신을 그치지 않았다. 반면 다아시는 많은 수입을 가진데다

가 높은 지위를 가진 친척도 많았다. 따라서 다아시의 친척들이 반대할 것이 뻔한 관계였다. 게다가 똑 부러진 성격에 지적인 면모를 가진 리지는 다아시의 오만한 첫인상에 대한 강한 혐오감을 가지고 있었다. 반면 돈 많은 다아시를 빙리의 여동생이 좋아하고 있었다. 다아시와 리지는 뭔가 잘 되기 어려운 남녀였다.

이 무렵 베넷 여사에게 호재가 이어졌다. 군부대가 베넷 씨의 집 근처에 잠시 주둔하게 되었고, 많은 장교들이 사교계에 나오게 되었다. 베넷 가의 넷째와 다섯째인 캐서린과 리디아는 장교들에게 빠져 정신이 없었다. 제인은 빙리의 집을 방문했다가 병이 나서 리지가 언니를 간호하러 가게 되고, 며칠을 지내게 된다. 제인과 빙리는 좋은 감정을 키워가지만, 리지는 베넷 가문을 은근히 폄하하는 분위기에 오히려 아주 나쁜 인상을 받게 된다. 리지와 제인이 빙리의 집에 있는 동안 다아시는 대화가 통하는 리지에게 더욱 좋은 감정을 느끼게 된다.

베넷의 사촌이자 베넷 씨의 땅에 대한 상속권을 가지고 있는 콜린스 목사가 베넷 가정을 방문한다. 그는 다른 사람들에게 늘 아첨을 하며, 자신이 운 좋게 얻게 된 안정적인 교구 목사직에 한껏 자부심을 가진 실상은 볼품없는 인간이었다. 타고난 결점도 많은 콜린스는 이미 몸에 밸대로 배어 있는 비굴함과 어린 나이에 교구 목사가 되었다는 오만함까지 추가하였다. 그는 상속에 대한 보상으로 베넷 가의 딸들 중 한 사람과 결혼해 주겠다는 생각이었다. 그는 첫째 제인에게 청혼하려다 약혼 예정이라는 말을 듣고, 리지에게 청혼했다가 거부당하고, 리지의 친구 샬럿에게 청혼한다. 사실 베넷 부인은 리지와 콜린스를 결혼시키려고 별별 수를 다 썼지만 실패한다. 콜린스는 결국 결혼으로 미래의 생계를 보장받으려는 리지의 친구 샬럿과 결혼하게 된다.

군부대 장교들 중에 위컴이라는 자가 있었다. 용모도 수려하고 말솜씨도 좋은 사람이었다. 그는 다아시의 집안 집사의 아들로 돈만 보고 움직이는 인간이었다. 위컴은 리지에게 다아시에 대해 매우 부정적으로 이야기했다. 위컴은 자신이 성직자가 될 뻔 했는데, 다아시 때문에 그렇게 되지 못했다고 거짓말도 했다. 이로 인해 리지는 자신의 자존심을 상하게 하는 오만한 첫인상의 다아시에 대한 혐오를 더욱 굳히게 되었고, 반대급부로 위컴에게 매우 호감을 느끼게 된다. 이런 와중에 빙리는 제인을 두고 런던으로 떠나 버렸다. 모든 희망이 무너지는 순간이었다. 특히 베넷 부인은 첫째 제인과 둘째 리지를 모두 결혼시키지 못하는 상황으로 비참한 심정이 되었다.

1894년판 《오만과 편견》에서 휴 톰슨이 그린 '엘리자베스에게 청혼하는 콜린스'의 삽화.

제2부 : 진실이 드러나고
편견이 깨어지다

빙리는 런던에 있으며 돌아올 기미가 보이지 않았다. 제인과 빙리의 관계는 깨어진 것 같았다. 리지는 모든 사람들에 대해 긍정적으로 바라보는 제인이 손해를 보는 것 같아서 속상했다. 리지는 모두에 대해 냉정한 판단을 계속했다. 리지는 빙리의 친구 다아시가 언니 제인의 사랑을 방해했다고 생각하며 미움은 더해간다. 베넷 가족은 유일한 희망(?) 군장교 위컴과 교제를 늘려간다. 위컴은 자주 베넷 집에 와서 리지와 만나게 되었다. 베넷 부인의 동생 가디너 부인 부부가 베넷 가정을 방문했다. 가디너 부인은 리지에게 재산이 없는 위컴과 가까이 하지 말라고 충고했다. 여전히 리지는 위컴에게 호감이 있었으나, 위컴은 재산을 보고 킹 양에게 접근한다. 가디너 부인은 위컴을 비난한다. 그러나 리지의 생각에는 재산이 없다는 이유로 위컴에 대한 관심을 끊으라고 한 가디너 부인이나, 재산을 보고 킹 양에게 접근한 위컴이나 똑같아 보였다. 콜린스와 샬럿의 결혼식이 있었고, 제인은 가디너 부인 부부와 함께 런던으로 간다. 그러나 빙리는 만나지 못한다.

후에 리지는 외삼촌 가디너 부부와 함께 여행을 하게 되었다. 친구 샬럿의 집인 콜린스의 목사관에서 지내며, 인근에 살고 있는 캐서린 영부인 집에 식사 초대를 받게 되었다. 캐서린 영부인은 다아시의 친척이었다. 캐서린 영부인은 베넷 가문과 리지에 대해 매우 부정적인 생각을 갖게 되었다. 물론 리지도 캐서린 영부인이 밥맛이기는 마찬가지였다. 리지는 친구 샬럿과 함께 지내면서 캐서린 영부인을 만나러 온 다아시와 다시 만나게 되었다. 몇 번의 우연을 가장한 만남 끝에 다아시가 리지를 찾아와 예상 밖의 청혼을 하게 되었다. 리지는 화가 났다. 그리고 다아시의 예상과 전혀 다르게 청혼은 거절되었다. 이 과정에서 리지는 다아시에 대해 나쁜 감정을 가지고 있는 이유, 특히 제인과 빙리의 관계가 깨어지게 한 것에 대해 솔직히 이야기했다. 그리고 위컴이 다아시

1799년 6월 11일 제인 오스틴이 여동생 커샌드라에게 보낸 편지에서 《첫인상》을 통해 《오만과 편견》을 처음으로 언급했다.

에 대해 했던 말도 모두 털어놓았다. 다아시는 리지가 자신에 대해 어떻게 생각하는지 알게 되었고, 솔직한 자신의 심정도 이야기한 후에 미안하다는 말을 남기고 나갔다. 리지는 많은 재산과 좋은 조건을 가진 그가 자신에게 청혼한 것에 대해서 놀라기도 했으며, 자신이 좋은 조건을 가지고 있기 때문에 자신의 청혼을 받아들일 거라고 생각했던 다아시의 오만함에 대해서 화가 나기도 했다.

다음 날도 전날의 충격에서 헤어 나오지 못하고 있던 리지가 산책을 하는 중에 다아시가 나타나 편지를 주고 사라졌다. 다아시의 편지는 그간의 오해를 풀기 위한 것이었다. 내용은 빙리와 제인의 관계에 대해 왜 자신이 반대했는지, 위컴의 위선적인 면과 돈을 위해 벌인 사기행각의 이야기를 솔직하게 기록했다. 하지만 리지는 편견을 품은 채 읽기 시작했다. 특히 위컴에 대한 내용은 충격적이었다. 처음엔 다아시의 폭로가 모함일 거

2005년 상영된 영화 <오만과 편견>의 포스터. 엘리자베스 베넷 역은 키이라 나이틀리가 맡았다.

라고 생각했다. 그러나 그녀는 편지를 읽으면 읽을수록 다아시의 말이 맞는 것 같았다. 리지의 편견은 무너지게 되었다. 자기 가족들의 교양 없음 때문에 다아시가 빙리와 제인의 관계를 막은 것도 이해가 되었고, 위컴에게 속은 것을 생각하니 우울해졌다. 리지는 다아시에 대해 자신이 오해했던 것을 자책했다.

리지는 집으로 돌아왔다. 위컴이 킹 양과도 헤어졌다는 소식이 들려왔다. 리지는 제인에게 다아시와의 일을 털어놓았

다. 리지는 자신이 특별한 근거도 없이 다아시를 싫어했던 것을 인정하며 자신의 편견에 대해서 후회했다. 이제 위컴이 속한 군부대가 이동하게 되었다. 리지는 위컴을 마지막으로 만나 다아시를 만난 것에 대해 그에게 이야기했고, 그는 안절부절못했다. 리지는 다아시와 위컴 사이의 진실에 대해 어느 정도 정확한 판단을 하게 되었다. 그사이 철부지 막내 리디아는 군부대를 따라 떠났다. 리지는 가디너 부부와 함께 다아시의 집이 있는 펨벌리로 가게 되었다.

제3부 : 편견이 깨어진 자리에
사랑이 열매를 맺다

다아시가 없는 걸 확인하고 그의 저택에 간 리지는 오래 일한 하녀 레이놀즈 부인을 통해 위컴과 다아시에 대한 진실을 더욱 분명히 알게 되었다. 다아시는 가난한 사람에게 인정을 베풀고, 동생을 사랑하며, 하인들에게 언짢은 소리를 하지 않는 훌륭한 주인이었다. 리지는 다아시가 전에 자신에게 했던 청혼에 대해 오히려 감사하게 되었다. 그렇게 진실을 깨닫고 다아시의 저택을 보고 나오는데, 다아시가 리지 앞에 나타났다. 두 사람 모두에게 뜻밖의 만남이었다. 리지는 거기서 다아시의 동생 조지애나와 빙리도 만나게 되었다. 제인에게 편지가 도착했다. 리디아가 위컴과 허락없이 결혼이 가능한 스코틀랜드로 도망쳤

윌리엄 우드가 그린 메리 피어슨의 초상화. 메리 피어슨은 리디아의 모델로 간주되었다.

다는 것이다. 위컴은 많은 도박 빚을 지고 떠났다는 것 또한 밝혀졌다. 가장 악랄한 인간이라는 소문이 자자했다. 가족들은 모두 리디아가 위컴과 결혼도 못하고 불행해질 것이라고 걱정했다. 그러나 위컴과 리디아는 빚을 갚고 결혼하게 되었다. 게다가 위컴이 정규군에 들어가게 될 것이라는 소식이 전해졌다. 가족들은 외삼촌 가디너 씨가 돈을 갚아주었을 것이라 생각했다.

리지는 막내에 대한 걱정을 하는 동시에 다아시에 대해 더욱 좋아하는 감정이 생겼다. 자신의 편견으로 청혼을 거절했던 것을 후회하게 되었다. 그러던 중 막내 리디아가 결혼을 위해 가족들에게 돌아왔다. 리디아는 결혼 과정에 대해 이야기하다가 다아시가 자신의 결혼을 위해 빚을 갚아주는 등 모든 면에서 도와줬다는 사실을 이야기한다. 리지는 외숙모에게 편지를 썼고, 그녀를 통해 모든 진실을 알게 되었다. 다아시가 리디아와 위컴을 찾아 만났고, 두 사람을 도와 결혼을 하게 되었던 것이다. 1000파운드 넘는 빚도 갚아 주고, 리디아에게 1000파운드를 지참금으로 주고, 위컴을 위해 장교직까지 얻게 해 주었다는 것이다.

빙리와 다아시가 네더필드에 돌아왔고, 베넷 가에 식사로 초대되었다. 이후 빙리는 제인에게 청혼했고, 사랑하는 두 사람은 매일 베넷 씨의 집에서 만났다. 후에 리지와 다아시는 산책을 하게 되었고, 리지는 리디아에게 베푼 일에 대해 감사해 했다. 다아시는 다른 사람이 아닌 바로 리지를 행복하게 하려고 그 일을 했다고 고백했다. 캐서린 영부인의 강한 반대에도 불구하고 둘의 사랑은 흔들리지 않았고, 리지는 다아시의 청혼을 받아들였다. 두 사람은 각기 서로에 대한 자신의 태도에 대해 사과했다. 제인과 리지는 둘 다 행복한 결혼을 하게 되었다.

03장

주체적이며 성숙한 인간상의 교과서

샬롯 브론테 《제인 에어》

(번역본 : 박순녀 역, 동서문화사)

영국 문학계를 흔든 브론테 자매들

한 가정의 자매들이 한 나라의 문학계, 나아가 세계 문학사의 큰 족적
을 남기다니.《제인 에어》의 저자 샬럿 브론테는 동생들인 에밀리 브론테
(폭풍의 언덕), 앤 브론테(애그니스 그레이)와 함께 소위 '브론테 자매들'의 큰 언
니다. 가수로 자매들이 활동하는 경우는 간혹 보지만, 문학계를 엄청나게
뒤흔든 거목들이 한 가정에서 그것도 자매로만
세 명이나 배출된 경우는 세계 문학사에 없다.
이들은 19세기 초 영국 북부 요크셔 지방 시골
마을에서 성공회 사제의 딸들로 태어났다. 그들
은 어렸을 때 어머니를 잃고, 춥고 음습한 시골
의 자연 속에서 성장했다. 당시는 여성들의 글
쓰기나 사회활동이 권장되지 않던 시대였지만,
그들은 아버지의 도움으로 교육도 받고 어렸을
때부터 글을 썼다.

1834년경 브랜웰 브론테가 유화로 그린
초상화 <브론테 자매들>

세 자매는 각자 쓴 글을 서로 읽어주기도 하

고, 작은 글씨로 종이에 글을 써 책 모양으로 만들기도 했다고 전해진다. 시대적으로 여성의 이름으로 책을 내기 어려웠기에 남성의 이름(Currer, Ellis, Acton Bell)을 가명으로 내세우고, 자비로 시집을 내게 된다. 시집은 성공하지 못했지만 이후 열심히 소설을 썼고, 에밀리의《폭풍의 언덕》과 샬롯의《제인 에어》가 대박이 난다. 그러나 샬롯의 동생들은《제인 에어》발표 후 1~2년 사이에 모두 세상을 떠난다. 샬롯은 이후 글을 쓰며 사제와 결혼도 하지만, 임신을 한 상태에서 역시 세상을 떠난다. 자매들의 생은 짧았지만, 세계 문학계를 흔들기에 시간이 부족하지는 않았다.

샬롯 브론테의 자전적 인물이자
워너비 '제인 에어'

어느 소설가나 작품 속에 자신의 삶이 투영되기 마련이다. 특히 여류 소설가들에게 더욱 그런 성향이 나타나기도 한다.《제인 에어》의 작품 속 화자이자 주인공인 제인 에어는 부모님을 잃고 외삼촌 집에서 자라는데, 자신을 아껴주던 외삼촌마저 죽자 천덕꾸러기 신세가 된다. 열악한 기숙학교에 다니며 배고픔과 추위로 고생한다. 학교에서 만난 사랑하는 친구를 폐병으로 잃는다. 후에 학교를 떠나 가정교사 생활을 하며, 유부남인지 몰랐지만 유부남을 사랑해서 결혼할 뻔 하였다. 선교사가 되려는 사제에게 청혼을

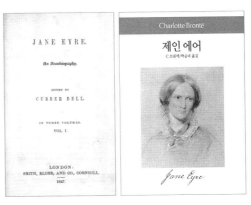

1847년 발행된 《제인 에어》 초판 표제지. 커러 벨이라는 남자 필명으로 내놓았다. 《제인 에어》(박순녀 역, 2016년, 동서문화사)

받기도 하였지만 거절한다.

이 제인 에어를 만든 작가 샬롯은 5살 때 어머니를 잃었다. 두 언니와 열악한 기숙학교에 다녔는데, 언니들이 모두 병으로 죽고 만다. 후에 가정교사 생활을 하기도 했다. 벨기에에 가서 유부남인 교장 선생님과 이루어지지 않는 사랑에 빠진다. 그녀는 세 번 청혼을 받는데 모두 사제에게 청혼을 받았다. 제인 에어는 샬롯의 경험으로 형상화한 인물임이 분명해진다.

그러나 제인 에어는 샬롯을 뛰어 넘는 인물이다. 샬롯보다 더 어려운 어린 시절을 굳건히 이겨낸다. 학교에서 만난 헬렌을 통해 천국에 대한 믿음을 경험하며, 어릴 때 상처를 극복하고 자신을 발전시켜 나간다. 학교 생활에서 충분히 배우고 교사까지 한 그녀는 독립적으로 더 넓은 세계를 찾아 나선다. 가정교사로서 충실하게 아이를 가르친다. 그녀는 빼어난 외모를 지니지 않았고 돈도 없지만 자신을 고용한 귀족 로체스터와의 관계에 있어서도 동등한 인격적인 대우를 요구한다. 그와 사랑하는 관계가 된 후에도 당연히 그에게 경제적으로 의지하지 않으려 했다. 사치스러운 생

활도 거절한다. 후에 자신이 사랑하던 남성에게 아내가 있다는 것을 알고는 불법적인 결혼을 단호히 거부하였다. 아울러 성경적인 신앙의 원칙을 따라 고생을 마다 않고 곧 떠난다. 선교사의 청혼을 받지만, 의존적으로 그의 뜻을 따르지 않는다. 스스로 하나님의 뜻을 구하고, 스스로의 확신 속에서 청혼을 거부한다. 후에 사랑하던 남자가 아내를 잃고 장애를 입게 되었음에도 사랑으로 그와 결혼하며 기꺼이 그의 도움이 된다. 그가

조지 리치몬드가 파스텔 기반으로 그린 샬롯 브론테의 초상화.

장애를 극복하도록 도우며 행복한 결혼생활을 영위한다. 제인 에어는 샬롯이 꿈꾸는 이상형, 워너비였던 것이다.

주체적이며 성숙한 인간상 제인 에어

모든 문학작품은 읽기 나름이다. 《제인 에어》는 여성 작가의 작품이기도 하고, 주인공이 워낙 당당하고 주체적인 여성의 모습으로 제시되기에 20세기에 들어서는 페미니즘 소설로 여겨지며 많은 여성들에게 인기를 얻기도 했다. 반대로 작품이 발표될 당시에는 영국 보수 비평가들에게 비판을 받았다고 한다. 주인공 제인 에어가 로체스터와 결혼하게 될 때 'Reader, I married him(독자여 내가 그와 결혼해 줍니다(?) 정도의 뉘앙스)'라고 말했던 것을 비롯하여 많은 부분이 당시 여성상과 맞지 않았기 때문일 것이다. 제인 에어가 영화화 될 때 결혼을 거부하는 현대의 분위기에 맞추어 원작의 결혼 장면이 삭제되기도 했다. 나름의 관점으로 원작을 무시하고 읽은 결과다. 하지만 원작 그대로 읽는다면 이 작품은 남녀의 프레임만 있지 않다는 것을 충분히 알 수 있다. 그것을 벗어나서 불행한 어린 시절과 비참한 삶의 조건을 극복하고, 나아가 신앙 안에서 주체적이며 성숙한 인간으로 성장하며 완성되어져 가는 인간상을 제시한 작품으로 보는 것이 가장 좋은 읽기 방식이라고 확신한다.

제인 에어는 어릴 때 자신을 구박하는 사촌과 외숙모에게 자신의 의견을 분명히 말한다. 기숙학교에서는 부당한 체벌과 교육에 대해서 친구와 의견을 교환하며 답을 찾아간다. 자신을 고용한 부유한 귀족과 사랑하는 사이가 되었을 때는 수동적인 애인, 혹은 아내의 역할을 거부하고 동등한 인격으로 대우 받기를 요청하였다. 남자의 재산에 의지하여 화려한 삶을 누리려 하기보다 그에게 경제적으로 도움이 되길 원하며, 결혼의 환상에 빠지지 않고 현실을 직시하며 미래를 준비하는 모습을 보인다. 사랑하는 남자와 교제하는 것이 너무나 행복했지만, 결혼할 때까지는 지나친 애정표현을 자제해달라고 요구한다. 자신을 구박하고 유산을 받을 기회까지 박탈한 외숙모를 용서하며, 사랑하는 남자에게 아내가 있다는 것을 알게 되었을 땐 단호히 떠난다. 자신에게 유산이 주어졌을 때 가난한 사촌들과 동등하게 나누며 진정한 핏줄로서의 우애를 다진다. 후에 사랑하던 남자가 장애를 갖게 되지만 변함없이 사랑하며, 그와 결혼하여 그의 생활과 신앙적 성숙을 돕는다. 소설《제인 에어》의 장면들은 주체적이며 성숙한 인간으로 살아가기 위한 구체적인 모습을 우리에게 제시해 주고 있다.

주체적이며 성숙한
인간상의 근거는 신앙이다

제인은 불행한 어린 시절을 보냈다. 그에게 누군가 믿음을 가르쳐 주지도 못했다. 하지만 그녀는 로우드 기숙학교에서 헬렌이라는 좋은 친구를 만난다. 그 친구는 병으로 죽게 되었지만, 천국에 대한 확신으로 평안한 모습을 잃지 않는다. 제인은 그녀에게 천국에 대한 큰 신앙적 교훈을 얻으며 신앙을 배워간다.

나는 또 물었다. 이번에는 마음속으로 물었을 뿐이었다. (그 나라는 어디 있을까? 정말 있을까?) 그리고 나는 헬렌을 바짝 껴안았다.(9장)

그녀는 누구를 만나든지, 그의 신분이 높든지 낮든지 동등한 인격으로 대한다. 이러한 평등의식도 역시 믿음에서 온 것이다. 그녀는 자신을 고용한 귀족 로체스터에게도 동등한 인격으로 대우할 것을 요청한다. 그녀는 신앙 안에서 동등한 인격으로 자신과 타인을 대하는 법을 배우고 실천해 나간다.

> 제가 가난하고, 미천하고, 얼굴이 못생긴 보잘것없는 여자라고 해서 영혼도 감정도 없다고 생각하세요? 잘못 생각하신 거예요. … 선생님의 영혼에 말을 건네고 있는 것은 제 영혼이에요.
> 마치 우리 두 사람이 무덤을 지나 하나님의 발밑에 섰을 때처럼 동등해요. 하긴 지금도 동등하지만요!(23장)

그녀는 어려운 삶의 과정을 극복하고 결국 사랑에 골인했다. 그녀는 로체스터를 너무나 사랑했고, 그 사랑 안에서 너무나 행복했다. 그와 함께 있으면 편안한 미래가 보장되는 상황이었다. 하지만, 그녀가 하기로 한 결혼이 불법적인 것이라는 사실이 밝혀졌다. 로체스터는 그녀를 붙잡았지만, 그녀는 주님께서 주신 말씀을 따라 불법적인 결혼을 거부하고 아무 것도 보장되지 않은 미래를 향해 떠난다. 오직 주님의 돌보심을 믿고 미련없이 떠난다.

'나는 하나님이 주시고 인간이 시인한 법률을 지키리라 내가 정신이 온

1847년 발행된 《제인 에어》2판에서 F. H. 타운센드가 그린 리드 부인과 어린 제인.

전하고 미치지 않았을 때 – 지금의 나처럼 – 내가 인정한 원칙대로 살아
나가리라' '나는 주인을 해치고 상처를 입히고는 버리고 온 것이다. 나
자신의 눈에도 얄밉게 보였다. 주님께선 틀림없이 앞길을 인도해 주실
것이다.(27장)

　　작가 샬롯 브론테가 진정으로 되고 싶었던 인간상인 제인 에어의 주체
적이고 성숙한 모습은 모두 확고한 기독교 신앙으로부터 왔다. 이것이 작
가가 말하고 싶은 것이다. 제인은 많은 재산을 상속 받는 기쁨을 누리지
만, 형편이 그리 좋지 않은 친척들과 기꺼이 나눈다. 또한 매우 좋은 조건
을 가진 젊은 사제 세인트 존으로부터 선교사로 같이 떠나자는 제안과 함
께 청혼을 받지만 거절한다. 그녀는 결코 자기 욕심으로 안정을 바라보며
선택하지 않는다. 스스로 기도하며 자신의 길을 찾는다. 이와 같이 진정으
로 주체적이고 성숙한 인간상의 근거는 신앙으로 훈련된 인격이다.

신앙과 삶, 말과 행동,
가르침과 인격의 일치가 중요하다

제인 에어는 끔찍한 외숙모의 가정에서 벗어나 로우드 기숙학교에 다니게 된다. 그 학교는 기독교 정신으로 운영되는 곳이며, 기독교적 교육을 표방했다. 당시 기숙학교는 가정교사를 통해 풍부한 교육을 받을 수 있는 귀족들이 아니라, 부유하지 않은 아이들이 모여서 교육을 받는 곳이었다. 당연히 제인처럼 부모님이 돌아가셨거나 어머니가 없는 아이들도 많이 다녔을 것이다. 아이들이 어릴 때부터 부모님과 떨어져서 기숙사에서 생활하니 얼마나 외롭고 힘들었겠는가?

이런 아이들을 예수님의 사랑으로 돌봐야할 이 학교의 교장은 브로클허스트씨였다. 그러나 그는 학교 설립자의 아들로 따뜻한 예수님의 사랑과 거리가 먼 인간이었다. 그는 제인을 만나자마자 심술궂은 아이는 지옥에 간다는 둥 협박을 했다. 그는 제인의 외숙모에게 언행일치를 가르치겠다고 약속했지만, 실제로는 아이들의 불쌍한 처지에 맞게(?) 검소하다 못해 쓰레기에 가까운 음식을 주었고, 옷은 초라했으며, 시설은 추위를 막을 수 없었고, 학생들은 전염병에 무참히 죽어 나갔다. 아이들에게 먹을 것을 조금 더 주려고 하면 사람이 떡으로가 아니라 하나님의 말씀으로 살아야 한다며 선생님들을 책망했다. 아이들에게는 지나치게 엄격해서 늘 성경을 들이대며 책망하고 체벌했다. 단정해야 한다는 구실로 아이들이 예쁘게 꾸미는 것도 못하게 했다. 그러나 자신의 부인과 딸들은 비단과 모피 옷을 입고, 타조의 깃털로 장식한 수달가죽 모자를 쓰고 다녔다. 그의 아내는 흰 담비 가죽으로 테를 두른 숄을 두르고, 지진 머리털 가발을 이마에 달고 있었다.

작가는 브로클허스트씨를 '검은 대리석 같은 목사'라고 묘사했다. 이 목사가 어떤 성경 말씀을 가르친다한들 들리겠는가? 역사상 얼마나 많은 가난하고 연약한 이들이 브로클허스트 목사와 같은 사람에게 상처를 받고 복음으로 회복될 기회를 잃어버렸을까 생각하면 참 마음이 아프다. 로

1893년 발행된 《제인 에어》에 H. S. 그리그가 그린 삽화, '브로클허스트에게 제인 에어를 소개하는 리드 부인'.

우드 기숙학교 출입문에는 '이같이 너희 빛이 사람 앞에 비치게 하여 그들로 너희 착한 행실을 보고 하늘에 계신 너희 아버지께 영광을 돌리게 하라'(마 5:16)는 산상수훈 말씀이 적혀 있었다. 예수님께서 산상수훈 중 강조한 말씀은 외식하지 말라는 것이다. 위선적인 자가 되어서는 안 된다는 것이다. 그러나 학교 안에서 벌어지는 일은 위선자의 삶을 가르치는 일이었다. 후에 브로클허스트의 악한 학교 운영은 결국 전염병으로 인해 세상에 드러나게 되고,

그는 많은 권한을 잃어버리고 끝까지 양심과 선한 마음을 지킨 템플 선생님이 교장이 된다. 위선적인 사람들은 현실 속에서도 잠시의 영화와 권세를 잃는 경우가 많고, 특히 진정한 사랑과 우정으로부터 오는 행복과 평안이 없는 경우가 많다. 브로클허스트씨도 주변 사람들에게 비난의 대상이 되며, 학교를 운영하고 있지만 아이들에게 꿈과 희망을 심어주는 보람과 가치를 느끼지 못한다.

하나님의 백성은 화려하게 말씀을 전하는 것보다 먼저 신앙과 삶, 말과 행동, 가르침과 인격이 일치하도록 힘써야 한다. 완벽하지는 않더라도 이 부분을 가장 중요한 것으로 여겨야 한다. 삶, 행동, 인격은 거짓말을 못한다. 종국에는 다 드러나게 되어 있기 때문이다. 하나님의 심판을 받기 전에 사람들의 심판을 받게 된다. 사울왕의 악한 행실은 자녀들까지도 등을 돌리게 만들지 않았는가? 예수님은 이렇게 말씀하셨다.

'서기관들과 바리새인들이 모세의 자리에 앉았으니 그러므로 무엇이든지 그들이 말하는 바는 행하고 지키되 그들이 하는 행위는 본받지 말라 그들은 말만하고 행하지 아니하며 또 무거운 짐을 묶어 사람의 어깨에 지우되 자기는 이것을 한 손가락으로도 움직이려 하지 아니하며 그들의 모든 행위를 사람에게 보이고자 하나니'(마 23:2-5a)

교회에서 생기는 크고 작은 문제들도 결국 신앙과 삶의 불일치, 언행 불일치, 가르침과 전혀 다른 인격을 가진 지도자로 인한 경우가 많다. 가정에서 아무리 좋은 말을 아이들에게 해도 부모의 말을 듣지 않는 이유도 역시 부모님의 언행 불일치, 가르침과 다른 인격 때문인 경우가 대부분이다. 적어도 지키지 못할 거라면 가르치지 말자. 그러면 위선자가 되지는 않을 것이다. 돈을 사랑하면 돈을 일만 악의 뿌리라고 가르치지 말고 그냥 돈을 좀 사랑하자. 자신의 자녀에게만 아낌없이 모든 것으로 베풀고 싶다면 이웃을 사랑하라는 말을 하지 말자. 그냥 자녀들만 귀하게 여기면서 살자. 이것이 더 정직하고, 저주를 덜 받는 삶의 방식이 아닐까. 우리가 왜 그래야 하는지 브로클허스트와 템플 선생의 대화 장면을 타산지석으로 삼아보자. 이 장면을 읽는 독자가 부끄러워질 지경이다.

"그 일에 대해선 제게 책임이 있습니다, 선생님!" 템플 선생은 대답했다. "그날 조반은 너무 잘못되어서 학생들이 먹을 수 없었습니다. 그래서 점심때까지 학생들을 그대로 굶겨 둘 수가 없었습니다", "선생, 잠깐만… 내가 이 학생들을 교육하는 방침은 사치와 방종에 물들게 하려는 게 아니라 건전함과 인내심과 자제심을 길러주자는 데 있다는 걸 잘 알 거요. 설혹 음식이 잘못되거나 요리의 양념이 부족하다 많다 적다 하는 식욕에 관한 사소한 일이 일어났다고 해도 낭비해버린 음식을 좀 더 맛있는 음식으로 바꾸어 준다든지 육신이 하자는 대로 해주어서 본 학원의 교육 목적을 달성시킬 그 좋은 기회를 무효로 해서는 안 되는 거요. 일시적인 곤란 밑에서 굳센 정신을 나타내도록 학생들을 격려해서 그들의 정신 함양을 증명 받아야 합니다. 그런 때의 간결한 훈시야말로 시기에 적중한 겁니다.

그래서 현명한 교사는 이 기회를 노려 옛날 기독교인들의 고난이라든가 순교자들의 고통에 대해서 또 제자들에게 십자가를 짊어지고 자기를 따르라고 말씀하신 예수님의 훈계,《즉 사

1983년 방영된 TV 시리즈 <제인 에어>에서의 마리아 템플.

람은 빵으로만 살 것이 아니요, 하느님의 모든 말씀으로 살 것이라》, 또 《만일 너희 중에 나를 위하여 굶주리고 목마른 자는 복이 있나니》 같은 것을 말하는 거랍니다. 아아 선생, 탄 오트밀 대신에 치즈 바른 빵을 그들의 입에 넣어 줬을 때 선생은 애들의 사악한 육신을 살찌게 만들었을 거요. 그렇지만 애들의 불멸의 영혼을 굶주리게 하구 있다는 걸 선생은 왜 생각지 못했을까?"… 템플 선생은 항의하려는 듯싶었다. "선생"하고 그는 이었다. "나는 이 속세가 아닌 다른 왕국에 임하시는 주님을 섬기고 있습니다. 내 사명은 이 학생들에게 육체적 욕망을 억제시키는 데 있습니다. 땋아 내린 머리나 사치스러운 옷으로 단장하는 것이 아니라 검소한 마음과 성심으로써 자신들을 단장하는 걸 가르쳐 주는 데 있소. 그런데 우리들 눈앞에 있는 젊은이들은 저마다 세 가닥으로 머리를 땋아 내리고 있소. 이건 허영심이 깃들어 있다는 증거요. 다시 말하지만 그건 엄연히 잘라버려야 하오. 그것으로 시간이 낭비되는 걸 생각해 봐요."

브로클허스트 씨의 말은 여기서 중단되었다. 방문객인 세 귀부인이 이때 교실로 들어왔던 것이다. 이 귀부인들은 좀 더 빨리 와서 브로클허스트 씨의 옷에 관한 강의를 들었어야 했을 거다. 빌로도, 비단, 모피로 굉장한 성장을 하고 있었으니까. 셋 중에서 젊은 두 여자(열여섯과 열일곱 살짜리 아름다운 소녀)는 타조의 깃털로 장식한 그즈음 유행하는 회색 수달피 모자를 쓰고 그 아담한 모자차양 밑에는 정성껏 지진 탐스럽고 보드라운 머리채가 늘어져 있었다. 중년 부인은 흰 담비 가죽으로 테를 두른 값진 빌로도 숄을 두르고 프랑스식으로 지진 머리털

예술가이자 일러스트레이터 프리츠 아이헨베르크의 《제인 에어》 삽화로 그린 목판화, '제인 에어와 브로클허스트 씨'.

가발을 이마에 달고 있었다. 이 귀부인은 브로클허스트 씨의 부인과 따님들로서 템플 선생의 따뜻한 영접을 받아 교실 윗자리인 명예석에 안내되었다.(7장)

독립적이고 성숙한 삶은 말씀과 기도를 통해
스스로 미래에 대한 인도하심을 받고 용기 있게 그 길을 걷는 것이다

작가가 그려내는 제인 에어라는 인물은 독립적이고 성숙한 인격으로 성장한다. 그녀는 주변 사람들에게 휘둘리지 않고 하나님의 인도하심을 구하여 그 인도하심을 따라 용기 있게 자신의 인생길을 개척해 나간다. 이렇게 독립적이고 성숙한 인격을 가진 사람들은 어느 누구의 인생과도 비슷하지 않은 독특하고 개성 있는 삶을 살아가되, 모든 독립적이고 성숙한 인격을 가진 사람들에게 나타나는 공통적인 특징, 즉 분명한 소신과 불굴의 의지와 두려움에 굴복하지 않는 용기를 소유하고 있다. 그들은 때

1944년 에드워드 윌슨이 삽화로 그린 제인 에어.

로 자신의 욕망과 세상의 유혹에 방황하기도 하지만, 하나님에 대한 분명한 신뢰와 믿음을 바탕으로 기도 가운데 자신에게 주어진 길을 묵묵히 받아들이고 담대히 그 길로 나아간다.

제인 에어는 로우드 기숙학교에서 위선적인 지도자로 인해 고생을 하기도 하며 열악한 환경에서 친구를 잃기도 하지만, 사랑을 베풀어 주시는 템플 선생님을 통해서 위로도 받고 많은 신앙적인 교훈도 얻으며 교사로서의 경험

도 쌓는다. 그녀는 그 곳에서 어린 시절 누리지 못했던 안정을 얻는다. 그러나 자신이 성인이 될 무렵 자신을 이끌어주던 템플 선생님이 떠나신 것을 계기로 자신의 인생에 대해 고민하고 기도한다. 결국 그녀는 하나님의 인도하심을 받는다. 그리고 한 번도 경험한 적이 없는 더 넓은 세상을 향해 나아가기로 결심한다. 새로운 세상에서 더 많은 경험을 쌓아가며 자신을 성장시키려는 당찬 결정을 내린 것이다. 당시의 여성에게는, 특히 보호자도 없고 돌아갈 가정도 없는 제인 에어 같은 여성에게는 대단한 용기가 필요한 결정이었다.

내 세계는 로우드에서 지낸 몇 년간이었다. 경험이라곤 학교 교칙과 제도에 관한 것이었다. 나는 현실의 세계란 넓고 거기에는 희망과 공포, 감동과 흥분 등 가지각색의 분야가 있고 그 위험 속에서 인생의 참된 지식을 얻고자 매진하는 용기 있는 사람들을 위해 마련된 것이라고 지금 회상된다. 나는 창가로 가 문을 열었다. 양쪽으로 두 건물이 서 있고 교정이 있었다. 여기는 로우드 숲의 한 끝이고 산맥으로 지평선을 이루었다. 내 눈길은 뭇 사물들을 슬쩍 지나 제일 멀리 있는 푸른 산봉우리들에 가 머물렀다. 정복하고 싶었던 산들이다. … 얼마나 그 길을 따라 멀리 가보고 싶었던가! …

교칙, 공부, 학교의 습관과 사고방식, 그리고 사람들의 음성과 얼굴, 말, 옷, 기호, 혐오, 이러한 것들이 내가 알고 있는 생활의 전부였다. 그리고 지금 나는 이것으로 충분치 못하다는 걸 깨달았다. … 나는 자유를 바랐다. 자유에 목말랐고 자유를 위해 기도를 올렸다. 기도 소리는 바람에 흩어졌다가 이윽고 아스라이 사라지는 것 같았다. 나는 기도를 포기하고 겸허한 탄원을 했다. 변화와 자극을 달라고 탄원했다. 그 애원마저 텅 빈 공간 속으로 사라지는 것 같았다. '그럼' 하고 나는 거의 필사적으

로 외쳤다. '적어도 제게 새로운 봉사를 허락해 주소서!'

이 때 저녁 식사를 알리는 종소리가 나를 아래층으로 불러 갔다. 나는 중단된 명상을 취침 시간까지는 다시 계속할 수가 없었다. … 나는 방해에서 벗어났다. 중단되었던 사색이 곧 되살아났다. '새 일자리! 그거 괜찮을 거야' 하고 혼잣소리를 했다. … 나는 여기서 8년 동안 봉사해 왔다. 이제 내가 원하는 건 어디든 다른 직장에서 일하는 거다. 이만한 것쯤 내 의사대로 할 수 없을까? 가능해 가능하다니까 그것은 그리 힘든 건 아냐. 만일 내게 그 목적을 달성하는 방법을 찾아낼 만큼 활동적인 머리만 있다면 말이야. …

이런 머리를 짜내기 위해 나는 침대에 일어나 앉았다. 쌀쌀한 밤이었다. 숄을 어깨에 두르고 나는 열심히 생각하기 시작했다. '내가 원하는 건 무엇일까? 새 환경 속에서 새 사람들 틈에 끼여 새 집에서 새 직업을 갖는 거다. … 그런데 그 방법은 무엇일까?' 난 그걸 알 수 없고 내게 그 해답을 알려 주는 사람도 없다. … 내가 자리를 빈 사이에 천사가 확실히 내가 바라고 있던 암시를 내 베개에 놓고 간 것이리라. 침대에 드러누워 있노라니 그것이 조용히 저절로 내 마음에 떠올랐다.(10장)

제인은 돈필드 저택으로 취업한다. 처음 보는 새로운 곳에서 적응해야 했다. 또한 가르치기 쉽지 않은 아델이라는 여자 아이, 자신처럼 부모가 없는 아이를 가르쳐야 했다. 그녀는 그 일을 잘 해냈다. 서로 정도 들고 평안한 삶을 누리게 되었다. 그러나 독립적이고 성숙한 인격의 소유자들이 종종 그렇듯 그녀는 편안한 생활에 안주하지 않는다. 자신에게 주어진 과업을 잘 해내고 나면, 더 높고 넓은 곳을 소망하게 된다. 육체적 편안함에 안주하지 않는 삶이야말로 제인을 만들어낸 작가가 여성의 위치에도 불구하고 자신의 재능을 극대화하여 세계 문학사를 뒤흔드는 위대한 업적을 이룬 비결일 것이다. 돈필드 저택에서의 제인의 모습을 보자.

이제 더 이런 소리를 늘어놓는다고 해서 나를 꾸짖고 싶은 사람은 꾸짖어도 좋다. 이따금 혼자 정원을 거닐고 대문까지 내려가 거기서 길을 바라볼 때나 또 아델은 보모와 함께 놀고 페어팩스 부인이 찬방에서 젤리를 만드는 동안 나는 3층의 층계를 올라가 다락방의 들창문을 열고 함석 지붕으로 나가 저만큼 멀리에 있는 들판이나 언덕, 희미한 지평선을 내려다보았다. 내게 지평선 너머를 뚫어볼 수 있는 실력이 있었으면 얼마나 좋을까? 그러면 여태 듣기만 하고 본 일이 없는 생기에 찬 붐비는 세계와 소도시 지방이 보일는지 모른다. 그리고 현재 내가 지는 것보다는 좀 더 실제적인 체험을 겪고 싶어졌다. 내 나이 또래와 같이 어울려 현재 내 주위에 있는 사람들보다는 가지각색의 사람들과 사귀고 싶어졌다. 나는 페어팩스 부인의 좋은 점과 아델의 좋은 점은 존중했지만 이 세상에는 다른 종류의 더 생기에 찬 좋은 것이 있다고 믿었다. 그리고 내가 이렇게 믿는 것을 내 눈으로 보고 싶었다.

누가 나를 꾸짖을까? 물론 많을 거다. 그리고 나를 불만에 찬 사람이라고 부르겠지. 나로선 어쩔 도리가 없다. 침착성이 없는 것이 내 천성이다. 때로 그것이 나를 충동질하여 괴롭힌다. 그럴 때 유일한 위안은 3층 복도를 이리저리 걸으며 복도의 정적과 고독 속에서 마음 놓고 내 앞에 나타나는 찬란한 환상에 마음의 눈을 돌리는 것이다. 그러면 숱

영국 더비셔의 베이크웰 근처에 있는 해돈 저택은 TV 시리즈와 영화 <제인 에어>의 돈필드 저택을 묘사하는 데 사용되었다.

한 환상들이 뚜렷이 빛나고 있었다. 기쁨으로 해서 내 가슴은 부풀어 올랐다. 또 그것은 괴로움을 주기도 했으나 내 마음에 생명력을 불어넣어 주기도 했다. …

　인간이란 평온하면 만족해야 한다는 것 맹랑한 소리이다. 사람은 마땅히 활동을 해야 한다. 그것을 찾아낼 수 없으면 그것을 만들어 내야 한다. 몇 백만의 사람들이 나보다는 평온한 생활을 하게끔 운명 지어져 있고 자기들 운명에 대해 말없는 반항을 하고 있다. … 여자는 일반적으로 아주 얌전해야 한다고 여겨지고 있지만 여자도 남자와 똑같은 감정을 가지고 있고 그녀들의 오빠나 남동생이 필요로 하는 만큼 그녀들의 능력을 연마하고 노력을 발휘할 장소가 필요한 것이다. (12장)

　독립적이고 성숙한 제인의 삶은 나이가 들어가며 더욱 분명해진다. 누군가의 강요와 상황에 이끌려서가 아니라 스스로 기도하며 확신하는 바대로 모든 것을 결정한다. 하나님의 말씀으로부터 체득한 분명한 신념과 스스로 기도하면서 얻게 된 확신에 근거하여 삶의 방향을 만들어간다. 그리고 그 모든 결정이 자기 고집에 의한 현명하지 못한 것으로 증명되는 것이 아니라, 누가 봐도 위대하고 고귀한 결정이었다고 할 수 있는 결말을 맺는다. 처음에는 주변 사람들이 이해할 수 없는 결정이라 할지라도

맨체스터에 있는 샐루테이션 펍 건물은 샬롯이 첫 번째 성공적 소설인 《제인 에어》를 쓰기 시작한 곳이다.

결국 그 결정이 옳았다고 고개를 끄덕일 수밖에 없는 비범한 결정을 내리는 제인의 모습은 작가가 그려내는 독립적이고 성숙한 이상적 인간의 모습이다. 스스로 기도하며 세인트 존의 결정을 거절하는 제인의 모습을 보도록 하자.

나는 뒤에서 쫓아와 나를 만류하려는 세이트 존의 손을 뿌리쳤다. 이번엔 《내》힘을 구사할 차례였다. 나는 힘이 생기기 시작했고 또 힘을 얻었다. 나는 그에게 묻거나 말을 하지 말아 달라고 했다. 내게서 떨어져 줘요, 나는 혼자 있어야 하고 또 있고 싶다고 했다. 그는 곧 내 말에 따랐다. 힘차게 명령할 충분한 기력이 있으면 틀림없이 복종시킬 수 있다.

　나는 내 침실로 올라가서 문을 잠갔다. 무릎을 꿇고 내 나름의 기도를 올렸다. 세인트 존의 기도와는 다른 방법이었지만 이것은 이것대로 보답되는 거다. 나는 하나님 바로 곁에까지 달려간 듯했다. 그리고 내 혼은 너무나 감사해서 하나님의 발밑에 엎드려 버리고 말았다. 나는 감사의 기도를 끝내고 일어나서 결심했다. 이제 두려움도 없이 마음이 가벼워져서 자리에 누웠다. 다만 날이 새기를 고대하며.(35장)

그리스도인의 삶은 타인의 도움을 받기보다
나에게 주어진 복을 다른 이들과 나눠 복의 통로가 되는 것이다

　부모와 떨어져 외숙모의 집에서 구박덩어리로 자란 제인. 그녀는 로우드 학교에서 떠나 돈필드 저택의 가정교사가 되어 자신이 상상할 수 없는 재산을 가진 귀족 로체스터와 사랑하게 되고 청혼까지 받게 된다. 이것이 얼마나 큰 행운인가? 제인은 그에게서 보석과 각종 화려한 의복 뿐 아니라, 화려한 여행과 귀족 같은 부유한 삶을 제안 받는다. 하지만 그녀는 그에 대한 사랑의 감정과 별도로 그에게서 누릴 수 있는 분에 넘치는 화려한 삶을 거절한다. 오히려 그와 결혼을 한 이후 자신에게 친척으로부터 유산이 주어진다면 가정에 경제적으로 기여할 수 있다는 소망에 대해 생각한다. 그녀는 로체스터와 헤어진 이후 극적으로 거액의 유산을 받게 되는데, 법적으로는 전혀 나눌 필요가 없는 것임에도 불구하고, 당시 함께 교제하고 있던 사촌들과 아낌없이 나눈다. 그 결정을 사촌들도 잘 이해하지 못한다. 관습에도 위배된다고 만류하기까지 한다. 그러나 그녀는 그 돈을 나눔으로 가족을 얻는다. 가족은 호적상으로 얻어지는 것이 아니다. 남이라도 진정한 사랑을 통해 가족으로 여기면 가족을 얻는 것이다.

소설 말미에 그녀는 사랑하던 로체스터를 다시 만난다. 정작 그의 아내가 죽고 그와 결혼할 수 있게 되었을 때는 큰 저택도 잃고 기거하는 작은 집에서 손에 장애를 입은 상태였다. 심지어 앞을 볼 수 없는 지경이었다. 그러나 그녀의 사랑은 변치 않는다. 그녀는 오히려 그에게 여러 가지 면에서 기여할 수 있게 됨을 감사한다. 이것이 그리스도인의 삶이다. 제인은 많은 이들에게 자신이 가지고 있는 것으로 최선을 다해 나눴다. 이것이 그녀의 삶을 지속적으로 행복하게 했고, 주변 사람들까지 행복하게 했다. 천하 만민의 복의 통로가 되는 삶이었던 것이다.

"당신이 좀 더 자세히 자신을 설명해주면 좀 더 내가 이해할 수 있을 진 모르겠소", "설명이라니요! 무슨 설명이 필요해요. 2만 파운드, 문제의

프레데릭 워커가 수채화로 그린 '로체스터와 제인 에어 그리고 아델'

유산을 제 삼촌의 조카와 3명의 질녀가 똑같이 나누어 가지면 각자 5천 파운드씩 돌아간다는 것이 신부님에게 납득이 안 갈 리가 없잖아요? 제가 바라는 것은 여동생들에게 편지를 보내서 재산이 생겼다는 것을 미리 알려주십사 하는 것이에요", "당신에게 생겼다고 말이지요.", "이 문제에 대해서는

제 생각은 이미 말씀드렸어요. 그 밖의 것은 생각할 여지가 없어요. 저는 야수 같은 이기주의자도 아니고, 맹목적으로 옳잖은 일을 하거나 혹은 악마처럼 배은망덕한 사람도 아니에요. 그밖에도 저는 가정과 가족과 함께 지내기로 결심했어요. 저는 무어 하우스가 무척 좋으니까 무어 하우스에서 살 작정이에요. 저는 다이애너와 메어리가 아주 좋아서 한평생 그들의 곁을 떠나지 않을 작정이에요. 5천 파운드를 갖는 것은 제게는 기쁜 일이기도 하고 도움도 되지만, 2만 파운드를 갖게 되면 저에겐 무거운 짐이 돼요. 더구나 그 금액은 법률적으로는 그럴는지 모르지만 도의적으로 말씀드리면 절대로 전부가 제 소유로 될 리는 없어요. 제게 필요 없는 것을 여러분께 드리는 거예요. 이 문제에 대해선 반대니 이론이 없도록 해주세요. 서로 찬성해서 곧 이 일을 결정하도록 해요.”

“그것은 첫 충동에서 일어나는 행위요. 그러나 당신의 말이 확실하다고 인정될 때까지는 며칠을 두고 생각해 봐야 하는 거요.”, “아이 참! 제 성의를 당신이 의심쩍게 여기신다면 저는 안심해요. 제 결정의 정당성은 인정하시겠지요?”, “어떤 정당성은 시인하지만, 그런 방법은 모두 관습에 위배돼요. 뿐만 아니라 온 재산은 당신의 권리에 속하오. 외삼촌께서는 자신의 노력으로 그것을 획득했소. 누구에게 양도하건 외삼촌의 자유란 말이요. 그분은 그 재산을 당신에게 남겨주었소. 결국 정당성이 당신으로 하여금 온 재산을 차지하게 했소. 당신은 깨끗한 양심을 가지고 어디까지나 당신의 소유라고 생각해도 좋소”, “제게

2011년 상영된 영화 <제인 에어>에서 메어리 리버스와 다이애너 리버스 역을 맡은 탬진 리버스와 홀리데이 그레인저.

105

있어서 이 일은 양심의 문제이기도 하고 감정의 문제이기도 해요. 저는 자신의 감정대로 하지 않으면 안돼요. 오늘날까지 저는 그렇게 할 권리가 없었어요. 당신이 일 년 동안 의논하고 반대하고 나를 괴롭힌다 해도 저는 제게 불현 듯 다가온 귀중한 기쁨 – 크나큰 은혜를 다소나마 갚아드리고 한 평생 친구들을 얻는다고 하는 기쁨을 버릴 수는 도저히 없어요."(33장)

나는 결혼한 지 10년이 되었다. 나는 이 세상에서 가장 사랑하는 사람을 위해 살고 또 가장 사랑하는 사람과 함께 산다는 것이 어떤 것인가를 나는 알고 있다. 나는 최고의 축복을 받았다. 어떤 말로도 나타낼 수 없는 축복을 받고 있다고 나는 생각한다. 왜냐하면 그가 완전히 내 생명인 동시에 나는 남편의 생명이기 때문이다. 어느 여성도 나보다는 그녀의 남편에게 가까이 있진 못했다. 어느 여성도 나보다는 그의 뼈 중의 뼈요, 살 중의 살이 된 사람은 없었다. 나는 에드워드와의 어울림에서 권태를 모른다. 마치 우리들 각자의 가슴속에 맥박치고 있는 심장의 고동에 우리들이 권태를 모르고 지내는 것과 마찬가지로, 따라서 언제나 우리들은 한 몸이 되어 있다. 한 몸이 되어 있다는 건 우리들에게 있어선 홀로 있을 때와 마찬가지로 자유스럽고 또한 많은 사람들과 함께 있을 때처럼 즐거웠다.

우리들은 종일토록 이야기를 하고 있다. 우리들이 서로 이야기 한다는 건 한층 활기를 띠게 하는 청각적인 사교에 불과했다. 나의 모든 믿음은 그에게 주어졌다. 그의 모든 믿음은 내게 바쳐졌다. 우리들은 성격적으로 모두 꼭 들어맞았다. 그 결과는 완전한 일치였다. 로체스터 씨는 우리들이 결혼한 지 처음 2년 동안은 줄곧 눈먼 채로 지냈다. 우리들을 이처럼 접근시킨 것은, 이렇게도 꼭 결합시킨 것은 아마 이러한 사정 때문일지도 모른다! 왜냐하면 아직도 나는 그의 오른팔인 것처럼 그동안 그의 눈이었기 때문이다. 글자 그대로 나는 그의 눈동자였다(흔히 그는 나를 그렇게 불렀다). 그는 나를 통해서 자연을 보고 책을 읽었다. 나는 들과 나무와 마을과 강과 구름과 햇빛 – 우리들 앞의 경치와 우리들을 둘러싸고 있는 날씨에 대해서 나는 그를 위해 바라보고, 이것을 말로 표현하는데 조금도 지칠 줄 몰랐다.

그리고 이미 어떤 빛도 그의 눈에 비처 줄 수 없는 것을 말로 그의 귀에 새겨 주었다. 나는 그에게 책을 읽어 주는 일이 조금도 싫지 않았다. 그가 가고 싶다는 곳을 안내하는데 조금도 싫증이 나지 않았다. 그가 하고 싶어 하는 일은 그를 위해 했다. 그리고 내가 하는 이러한 봉사에는 비록 슬프긴 하지만 가장 신나고 가장 굳센 기쁨이 있었다. 그것은 그가 고통스러운 수치심이나 굴욕감을 느끼지 않고 나의 봉사를 요구하기 때문이었다. 그는 진정으로 나를 사랑하고 있는 만큼 내 시중을 마다할 필요가 없다는 걸 알고 있었다. 내가 그를 너무 지나치게 사랑하고 있으므로 이런 시중은 나의 가장 아름다운 소원을 채워 주는 거라고 그는 여겼다.(38장)

1943년 12월 20세기폭스가 상영한 <제인 에어> 홍보 사진의 로체스터와 제인.

수많은 사람들의 회유와 우리 내부의 합리화에도 불구하고 하나님의 말씀을 따르는 것이 정답이다

제인은 평생 가장 행복한 순간에 충격적인 일을 경험한다. 로체스터와의 결혼을 통해 어린 시절부터 겪었던 모든 고통과 아픔을 다 해소하고, 행복과 희망으로 가득 찬 삶을 살아갈 수 있으리라고 기대했지만, 그는 사실 아내가 있는 상태였고 결혼은 불법이었던 것이다. 로체스터는 결혼해서 멀리 떠나 행복하게 살자고 간청한다. 사랑하는 사람의 간청, 그것도 나를 행복하게 할 것 같은 간청을 뿌리친다는 것이 얼마나 힘든 일인가? 게다가 자신 안에도 그 간청을 따르고 싶은 생각이 가득했다.

사랑하는 사람과 헤어진다는 것은 너무나 고통스러운 일이었다. 게다가 현실적으로 그와 헤어진다면 갈 곳이 없다. 아무 것도 보장되지 않았다. 돌아갈 가족의 품도 없고, 당장에 쓸 돈도 일자리도 없다. 방황하다가 죽을 수도 있다. 이제 과거의 방황을 끝내고 새로운 삶을 시작하려던 불쌍한 로체스터의 삶도 완전히 망가져버릴 가능성이 컸다. 그에게는 제인이 필요했다. 이렇게 내부의 합리화가 진행되고 있었다.

하지만 제인은 성경의 원칙과 도덕의 법칙을 자신의 행복과 유익을 위해 저버릴 수 없었다. 너무나 큰 아픔이 예상되지만 하나님의 말씀을 따르는 것이 정답이라고 결정한다. 이전에 독립적이고 성숙한 인격으로 용감하게 앞길을 개척했던 것처럼 이번에도 단호하게 사랑하는 사람의 회유와 자기 내면의 합리화로부터 승리한다. 이것이 그리스도인이 따라야 할 삶의 모범 아니겠는가? 다음 장면을 통해 그녀의 결정이 얼마나 대단한 것인지 느껴보도록 하자.

"제인, 내가 당신에게 무얼 원하고 있는지 알겠소? 단지《로체스터님, 나는 당신 것이에요》라는 약속이오", "로체스터님, 저는 당신의 것이 아니에요." 다시 오랫동안 말이 중단되었다. "제인!" 부드러운 어조로 다시 그는 말을 이었다. 그것은 나를 슬픔으로 주저앉게 했고 불길한 공포로 나를 돌처럼 차디차게 만들었다…. "제인, 당신은 이 세상의 한쪽 길을 가면서 나더러 다른 길을 가라는 거요?", "그래요", "제인, 이제 곧 실행할 작정이오?" 하고 내게로 몸을 굽히고 포옹하면서 말했다. "네" …

"잠깐만, 제인. 당신이 가 버린 후의 나의 무서운 생활을 한번 생각해 보구려. 내 행복은 당신이 가 버리면 산산조각이 날 거요. 그러면 뭣이 남겠소? 아내라는 건 3층에 있는 미치광이오. 나는 차라리 저기 묘지에 있는 시체 쪽이 나을 정도요. 난 어떻게 하면 좋단 말이오, 제인? 어딜 가면 반려를 구할 수 있단 말이오, 희망이 있단 말이오?"

"제가 하라는 대로만 하세요. 하나님과 당신 자신을 믿으세요. 하늘나라를 믿으세요. 하늘에서 다시 만나길 희망하세요", "그럼 당신은 내 말을 안 들어주겠다는 거요?", "네", "그럼 당신은 나더러 평생 비참하게 살다가 저주받고 죽으라고 선고하는 거요?" 그의 목소리가 높아졌다. "저는 주인님께서 죄 없이 사시기를 원해요. 그리고 평온히 숨을 거두시기 바랍니다." …

"인간의 법률을 어기느니보다는 같은 인간을 절망으로 몰아넣는 것이 더 좋단 말이오? 법률을 어긴다 해도 아무도 피해를 입을 사람은 없지 않소? 당신이 나와 함께 산다고 해서 노하거나 두려워할 친척이나 친지도 없지 않소" 이것은 사실이었다. 그리고 그가 말하고 있는 동안 내 양심과 이성은 나를 거역하고 내가 그에게 반항하고 있는 것은 범죄라고 비난했다. 양심과 이성은 거의 《감정》에 못지않은 큰 소리로 말했다! 그리고 미친 듯이 부르짖었다.

(이봐, 승낙해 주어라!) 감정은 말했다. (그의 비참한 모습을 생각해 보아라 − 혼자 남게 되었을 때의 그분의 위험을 생각하라. 그분의 사나운 성격을 잊어서는 안 돼. 절망에 따르는 무모한 행동을 상상해 보아라 − 위로해 줘. 구해 줘. 그를 사랑해라. 그를 사랑하고 그의 것이 되겠다고 해라. 도대체 너를 누가 돌봐 주겠느냐? 그렇잖으면 네가 하는 일

로 누가 피해를 입는단 말이냐?)

　그러나 대답은 여전히 굴복하지 않았다.-(내가 나 자신을 돌보는 거다. 고독할수록, 벗도 없고 의지할 데가 없을수록 더욱더 자중하리라. 나는 하나님이 주시고 인간이 시인한 법률을 지키리라. 내가 정신이 온전하고 미치지 않았을 때 - 지금의 나처럼 - 내가 일정한 원칙대로 살아나가리라. 법과 도의는 유혹이 없을 땐 필요가 없는 것이다. 지금 같은 때, 육체와 혼이 그 법과 도의의 엄격함에 반역을 일으켰을 경우를 위해서 필요한 거다. 법과 도의는 엄정한 것으로 침범되어서는 안 된다. 만일 나 한 개인의 편의상 그것을 위반한다면 그 가치는 어떻게 되나? 법과 도의에는 가치가 있는 것이다 - 이렇게 나는 늘 믿어 왔어. 그리고 만일 내가 이것을 믿을 수 없다면 그것은 내가 제정신이 아니기 때문이다.- 전혀 제정신이 아니지. 피는 불같이 뜨겁게 흐르고 심장은 고동을 헤아릴 수 없을 만큼 빨리 뛰고 있으니까. 전부터 품고 있던 생각과 결심만이 이 경우에 내가 지켜야 할 것이고 나는 거기에 꼭 발을 붙여야 해.)(27장)

　다시 말하지만 수많은 사람들의 회유, 나의 내면의 합리화에도 불구하고 마침내 하나님의 뜻, 말씀을 따르는 것만이 유일한 정답이다.

불행한 어린 시절과
로우드 기숙학교에서의 삶(1~10장)

> 그 날은 산책을 할 수 있을 것 같지도 않았다. 그래도 우리는 아침에 한 시간 동안 잎이 다 떨어진 관목 숲속을 돌아다니긴 했다 … 일라이저와 존과 그리고 조지애너는 지금 응접실에서 그들의 엄마 주위에 모여 앉아 있었다. 부인은 난롯가의 소파에 몸을 푹 묻은 채 애들을(지금은 싸우지도 울지도 않았다) 자기 곁에 앉혀 놓은 것이 더할 나위 없이 행복해 보였다. 부인은 나를 그들과 어울려 놀지 못하게 떼어 놓았다.

소설의 첫 부분이다. 부모님을 잃고 외삼촌집에 보내진 나(제인 에어)는 외삼촌마저 세상을 떠나고 외숙모 리드 부인에게 맡겨졌는데, 외숙모와 세 자녀들에게 따돌림을 당하며 하루하루가 고통스러웠다. 산책을 다녀온 후에 그들의 행복한 모습은 나와 너무 대조된다. 나는 사촌 존에게 괴롭힘을 당한 나머지 반항하고 싸웠고, 늘 대드는 아이요 신세를 지면서도 고마움을 모르는 못돼먹은 여자애로 낙인찍혔다. 나는 때로 뺨도 맞았고, 붉은 방에 갇히는 신세가 되었다. 약제사 로이드 씨는 내 이야기를 들어

주었고, 그를 통해 나는 외숙모의 집을 떠나 로우드 기숙학교에 가게 되었다.

그 학교는 정말 열악한 환경에 불쌍한 아이들이 모이는 자선학교다. 식사도 너무 엉망이어서 늘 배가 고팠고, 잠자리는 견디기 힘들만큼 추웠다. 브로클허스트 교장은 위선적인 종교인이었다. 나는 고분고분한 아이가 아니었기에 그에게 문제아로 찍혔다. 하지만 거기에는 템플이라는 좋은 선생님이 계셨고, 헬렌 번즈라는 친구도 있었다. 나는 내 말을 들어주는 그들을 통해 마음의 상처가 치유되었고, 공부도 하며 그림도 그리게 되었다. 그렇게 추운 겨울이 지났으나, 그곳은 전염병에 취약한 지역이었다. 나는 건강을 유지했지만 많은 아이들이 장티푸스로 죽었고, 친구 헬렌도 폐병으로 죽고 말았다. 헬렌은 확고한 믿음으로 평안하게 죽음을 맞이했고, 나는 천국에 대해 깊이 생각하게 되었다. 이 전염병 사태를 계기로 학교 운영의 문제가 드러났다. 위선적인 브로클허스트 교장은 많은 권한을 잃었고 학교의 상

2011년 상영된 영화 <제인 에어>에서 외숙모 리드 부인 역을 맡은 샐리 호킨스.

황은 개선되어 갔다. 시간이 지나 템플 선생님이 교장이 되셨다. 학교에서의 8년 동안 나는 많이 성장했고, 교사 생활도 하게 되었다. 이제 새로운 세상을 향해 나아가야 한다는 생각으로 가정교사 자리를 구해 떠나게 되었다.

돈필드 저택에서 로체스터를 만나
사랑에 빠지다 (11~24장)

두려움과 긴장감 속에서 나는 로체스터라는 한 귀족 소유의 돈필드 저

택 가정교사로 가게 되었다. 가르치게 된 아이는 아델이라는 프랑스 말을 잘 하는 여자아이였다. 주인이 방황하던 시절 자신의 정부가 낳은 아이였다. 주인 로체스터는 늘 저택을 떠나 있었고, 주인의 친척 페어팩스 부인이 집을 관리하고 있었다. 나는 그곳에서 평안을 느꼈다. 아이도 나를 잘 따랐다. 그러나 조용하고 변화가 없는 저택에 흥미를 잃어갔고, 새로운 곳으로 떠날 생각을 하고 있었다. 하루는 우체국에 가다가 맞은편에서 달려오던 말에서 한 남자가 떨어지는 사고를 목격하게 되었다. 그를 도와주었는데, 그는 바로 저택의 주인 로체스터였다.

로체스터가 집에 온 이후 정적은 사라졌다. 나는 그와 많은 대화를 하게 되었다. 서로의 과거에 대해서도 나의 그림에 대해서도 우리의 대화는 깊어져 갔다. 우리는 서로 깊은 관심을 가지게 되었다. 그는 나에게 자신의 과거를 털어놓았고, 함께 하기를 원했다. 나도 그에게 마음이 끌렸다. 그는 여느 때보다 길게 8주나 저택에 있었다. 그러던 어느 날 밤 괴상한 소리가 났고, 로체스터 씨의 방에 불이 났다. 나의 도움으로 로체스터는 무사하게 불을 끄고 목숨을 건질 수 있었다. 뭔가 이해할 수 없는 이상한 일이 있는 것 같았다. 로체스터에게 내가 마음을 빼앗기고 있을 때, 그가 잉그램이라는 미모의 귀족과 결혼을 준비하고 있다는 소문이 들렸다. 로체스터는 날 좋아했을 리가 없어… 명문가의 남자가 풋내기를 좋아할 리가 없어… 하며 나는 자책했다. 돈필드 저택에는 잉그램 양을 비롯하여 많은 귀족들이 방문하여 시간을 보

1890년 J. E. 가렛이 그린 《제인 에어》 삽화, '피아노 치는 블랑쉬'.

냈다. 나는 로체스터와 잉그램이 결혼할 것 같았지만, 그를 사랑하지 않을 수 없었다.

그가 잠시 저택을 비운 사이에 한 노파가 찾아와서 저택에 있는 사람들에게 점을 치는 일이 있었다. 그 노파는 다른 사람들 점을 치고 나서, 나의 점도 봐야 한다며 한사코 물러나지 않았다. 그녀는 나에게 행복해질 조건이 갖추어져 있으며, 운명을 붙잡으라고 이야기해줬다. 사실 그 노파는 로체스터였고, 그는 사실 나를 사랑하고 있었던 것이다. 나는 모르고 있었지만. 그와의 사랑이 커져가고 있는 가운데, 저택 3층에서는 짐승의 소리, 악마의 소리 같은 괴성이 들려왔고, 밤에 큰 소동이 벌어졌다. 저택에는 과거부터 로체스터와 알고 지낸 사이라는 메이슨이라는 사람이 찾아와 있었는데, 이번 소동에서 메이슨은 누군가에게 물려 피를 흘리고 있었다. 로체스터는 나에게 아무 일도 아니라고 진정시키고, 그 일에 대해 설명을 하긴 했지만 이상한 느낌이 들었다. 그는 나에게 자신을 불행하게 한 과거들이 있었고, 구원의 길을 찾았다고 모호한 말로 그 순간을 넘겼다.

어느 날 외숙모 리드 부인의 마부가 갑자기 나를 찾아왔다. 리드 부인은 파산 상태였고, 죽음에 임박해서 연락을 한 것이었다. 급하게 그녀의 집에 방문했고, 사경을 헤매는 그녀를 돌봐주었다. 그녀는 과거의 잘못에 대해 후회했다. 그녀는 존 에어라는 친척이 나에게 큰 재산을 상속하려고 3년 전에 편지를 보냈었는데, 미운 마음에 나에게 알리지 않았다는 말을 남기고 세상을 떠났다. 그녀가 죽기 전 나는 그녀를 용서한다고 말했다. 리드 부인이 죽은 후 사촌들의 요청으로 한 달 이상 머물다가 돈필드로 돌아가게 되었다. 나에게는 로체스터에 대한 그리움이 점점 커졌다. 하지만 동시에 그가 잉그램 양과 결혼을 한 후에는 내가 떠나야 할 것 같아 마음이 복잡했다. 돈필드 저택으로 돌아가는 길 정원에서 로체스터를 만나게 되었다. 그는 자신이 결혼할 것이고, 나에게는 아일랜드에 일자리를 알아봐 주겠다고 이별 선언을 했다. 나는 무의식중에 내 마음의 사랑을 표현하게 되었고 눈물을 흘렸다. 로체스터는 '때때로 나는 당신에게 이상한 생각이 들어요. 특히 지금처럼 내 곁에 있을 땐 더욱더 그렇소. 마치 내 왼쪽 갈비뼈 밑에 끈이 하나 달려 있어서, 당신의 조그만 몸의 그곳과 맞먹는 부분에 달린 똑같은 끈과 풀리지 않게 꽉 얽혀 있는 듯한 생각이 든단 말이오. 그러니 만일에 저 파도가 거센 아일랜드 해협과 백 마일이나 되는 육지가 우리들 사이에 가로놓이게 되면 우리를 연결하는 끈이 자꾸 끊어질 것만 같아요. 그렇게 되면 내 가슴 속엔 피가 흐르지 않을까 하는 예감이 든단 말이야. 당신이야 나를 잊어버리겠지만'(23장)이라 말했다. 이런 밀당이라니. 사실 그는 나를 사랑하고 있었던 것이다.

그는 갑자기 내가 떠날 필요가 있냐고 말하면서 자신은 신부가 없으니 떠나지 말라고 했다. 그는 나에게 청혼했다. 사실 그는 나를 위해 결혼식을 준비하고 있었던 것이다. 나는 그의 청혼을 받아들였다. 나는 잉그램 양이 그의 재산이 적다는 것을 알고 냉대했다는 사실도 알게 되었다. 로체스터는 결혼을 준비하기 위해 영국에서 보석을 시키고, 화려한 장식을 준비하려 했다. 나는 화려한 보석과 여행을 거절하며, 오히려 삼촌 존 에어의 유산을 나중에 받게 된다면 로체스터의 재산을 늘려 주기를 소망했다. 나는 신세를 지고 싶지 않았던 것이다. 나는 그와 사랑을 키워갔지만, 결혼식이 끝날 때까지는 애정 표현을 자제하

E. H. 가렛이 그린 《제인 에어》의 삽화, '기도하는 제인 에어'.

도록 거리를 두었다. 나에게는 하나님의 모습이 보이지 않을 정도로 그는 나의 우상이 되어 갔다.

로체스터와 헤어짐과 재회, 그리고 결혼(25~38장)

결혼식 전날, 그가 없던 한 밤중에 저택이 폐허가 되는 꿈을 꾸었다. 괴상한 소리가 들렸고, 자줏빛 창백한 얼굴에 충혈된 눈을 가진 어떤 여자가 내 면사포를 찢었다. 나는 정신을 잃었다. 나는 그를 찾아나섰고, 돌아오는 그와 만났다. 그는 나를 안심시키고 일어난 모든 일에 대해서는 결혼 후 1년이 지나면 말해 주겠다고 했다. 다음 날 예정대로 교회에서 결혼이 진행되고 있었다. 누군가 결혼에 이의를 제기했다. 사실 로체스터에게 결혼한 여인이 있었던 것이다. 그는 저택에서 짐승의 소리를 내던 미치광이 여자가 아내라고 실토했다. 그의 아내는 바로 얼마 전 돈필드를 방문했던 매디슨의 여동생 버서 메이슨이었던 것이다. 이 결혼은 불법적인 이중결혼이었던 것이다.

F. H. 타운센드가 1847년 《제인 에어》 2판에 그린 버서 메이슨 삽화.

로체스터는 나에게 사정을 설명했다. 그는 아버지 때문에 사랑하지도 않는 여자와 15년 전에 결혼했고, 정신에 문제가 있는 아내를 죽게 할 수 없어서 돈필드에 가둬두었던 것이었다. 그는 나에게 먼 곳으로 떠나 함께 살자고 제안했다. 나는 그를 사랑했지만 불법적인 결혼을 할 수 없었고,

그를 떠날 수밖에 없었다. 내 감정은 로체스터를 따라가라고 했지만, 신앙과 이성은 불법을 행할 수 없다고 강하게 말하고 있었다. 나는 결국 신앙을 따라 법과 도의를 지키기로 결심했고, 너무나 힘들었지만 돈필드를 떠났다. 그 사람이 자포자기 할까봐, 내 미래가 너무나 힘들까봐 돌아가고 싶었지만 결국 떠났다.

나는 그가 찾을 수 없을 먼 곳으로 갔다. 나는 빈털터리가 되었다. 나는 황무지에 버려져서 불안함 속에 먹을 것도 잘 곳도 없는 상황이 되었다. 하나님께서 보호해 주실 것만 믿었다. 빵을 구하려고 했지만 불가능했고, 하녀 같은 일자리도 찾을 수 없었다. 마을에서 도움을 받을 수 없는 상황에서 나는 교회의 뾰족탑을 보고 사제관을 찾아갔다. 세인트 존이라는 신부를 통해 나는 죽음의 위기에서 구제받을 수 있었다. 세인트 존의 두 여동생의 도움으로 건강을 회복하고, 그들과 즐겁게 지내게 되었다. 나는 그들에게 과거를 이야기했고, 세인트 존을 통해 학교의 교사로 일자리도 얻게 되었다. 시골에서 글도 잘 모르는 스무 명 정도의 아이들을 가르쳤지만 그리 만족을 느끼지 못했다. 그러나 하나님의 뜻으로 받아들일 수 있었다. 그러나 나에게는 슬픈 감정이 계속 찾아왔다. 그것은 로체스터와의 헤어짐 때문이었다.

폭풍이 불던 어느 날 세인트 존이 나를 찾아와서 나에게 2만 파운드의 유산이 주어졌다는 것을 말해 주었다. 더 놀라운 것은 유산 상속을 위한 연락을 받는 과정에서 세인트 존과 두 여동생이 사촌이었다는 사실을 알게 된 것이었다. 나는 친척이 생겼다는 것에 너무나 기뻤고, 사촌들과 유산을 나누기로 결정했다. 나는 교사직을 내려놓고, 무어하우스에서 사촌들을 맞이하여 같이 살았다. 그런데 뜻밖에 세인트 존이 선교사로 인도에 가서 함께 사역하자고 나에게 청혼을 했다. 나는 그의 청혼이 사랑 때문이 아니라 선교할 때 필요한 사람을 찾는 것이라고 생각하여 거절했다. 그는 청혼을 포기하지 않았지만, 나는 결국 거절했다. 나는 스스로 하나님께 기도했고, 스스로 판단하여 결정을 했다.

나는 세인트 존의 청혼을 거절하고, 로체스터에 대한 강한 마음의 이끌림을 느꼈다. 나는 1년 만에 먼 길을 여행하여 돈필드에 도착했다. 저택은 버서 메이슨이 불을 질러 폐허가 되었고, 그녀는 죽었다는 소식을 듣게 되었다. 그리고 로체스터는 자기 아내와 사람들을 구하다가 불구가 되어 다른 곳에 가서 살고 있다는 것을 알게 되었다. 나는 지체하지 않고 로체스터가 살고 있는 곳으로 가서, 그를 만나 사랑을 확인했다. 눈이 먼 채 살고 있는 로체스터지만 그를 사랑하고 영원히 함께 있을 것이라고 약속했다. 그리고 지난 1년 동안 있었던 일을 털어놓았다. 세인트 존에 대해서도 이야기했다. 우리는 이제 결혼했다. 결혼생활이 그에게 도움이 될 수 있어서 더 좋았다. 큰 어려움을 당했던 그는 이제 더욱 하나님에게 자신을 맡기기 시작했다. 결혼한 지 10년이 지났고, 우리는 행복했다. 그는 런던에서 치료를 받게 되었고, 시력을 회복하게 되었다.

세인트 존에게서 소식이 전해졌다. 그는 인류를 위해 고난의 길을 가다가 인도에서 임종을 앞두고 있었다. 나는 그의 편지에서 흔들림 없는 정신을 느낄 수 있었다. 소설의 마지막은 그의 편지를 인용하며 마무리된다.

주님이신 그리스도는 제게 미리 알려 주셨습니다. 주님은 날마다 더 똑똑히 알려 주십니다. 〈분명히 나는 속히 찾아가리라.〉 그러면 저는 언제나 더 열심히 대답합니다. 〈아멘, 주 예수여, 부디 임하옵소서〉.

04장

무엇을 기대하든
그 기대는 깨어질 것이다

모파상 《여자의 일생》

(번역본 : 이춘복 역, 동서문화사)

그림 그리듯 있는 그대로의
인생을 묘사한 모파상(Guy de Maupassant)

프랑스의 사실주의(자연주의) 문학가 모파상은 수많은 단편으로 유명한 작가이다. 그의 작품은 이해를 위한 깊은 성찰을 필요로 하지 않는다. 우리는 그의 작품을 통해 있는 그대로의 인생을 만난다. 그리고 가슴 저미는 슬픔을 느낀다. 그의 문학기법은 어떤 기교나 작가의 의견을 배제한다. 따라서 우리는 작가의 눈에 의해 가공되고 굴절되지 않은 인생 그대로를

배운다. 그의 작품은 우리가 잘 포착하지 못하는 인생의 모습을 볼 수 있는 최고의 교과서다. 그는 인생을 파괴하는 인간의 욕망과 어리석음을 세밀하고 냉정하게 그린다. 동시에 전혀 답을 제시하지 않는다. 그러나 다 읽고 나면 작가의 목소리가 들린다. 이게 당신들의 인생이야.

1888년경의 기 드 모파상.

모파상(1850~1893)은 자연주의 작가답게(?) 욕

120

망에 어떤 제한을 두지 않고 살았다. 그는 요트로 전 세계를 여행하면서 성과 쾌락에 탐닉하는 인생을 살았다. 그 결과 20대에 이미 당시에는 고칠 수 없었던 치명적인 성병인 매독을 앓기 시작했다. 거기에 시력감퇴와 우울증도 심했다. 후에 매독균이 뇌를 망가트려 발작을 하고, 결국 정신병원에 수용되어 비참한 죽음을 맞았다. 그의 인생 역시 여성편력에 가까운 욕망과 어리석은 본능에 따른 결과를 있는 그대로 보여주는 하나의 인생이 되었다. 그의 작품을 보다가 인생에 대해 생각하면 울적해진다. 인생을 있는 그대로 바라보게 하기 때문이다. 그는 아무런 답을 제시하지 않는다. 그의 삶도 답이 되지 못한다. 우리는 그의 작품을 보면서 스스로 답을 찾아야 하지 않을까?

근거 없는 기대는 인생을 아름답게 하지 못한다.
불행을 벗어날 수 없는 인생을 보여주는 《여자의 일생》

이 작품은 모파상의 대표적인 장편소설이다. 이 작품의 원제는 '어떤 인생(Une Vie)'이다. 작가는 여자의 인생에 대해 쓰려고 했다기보다, 누구나 겪을 수 있는 어떤 인생을 전해주고 싶었던 것 같다. 이 작품은 미래에 대한 기대에 가득 찬 귀족 소녀 잔느가 늙어 손녀를 안는 장면까지 한 여인의 인생에 대한 리포트다. 주인공 잔느는 좋은 조건을 갖추고 있다. 미래에 대한 희망에 부풀어 있는 긍정적 사고의 소유자다. 그녀는 부모님의 사랑을 받으며 평범하게 성장하여 부유한 삶을 누릴 수 있는 귀족 소녀다. 그러나 작품 속 그녀의 인생은 결코 불행을 벗어날 수 없는 인생이다. 그녀의 막연한 기대와 미래에 대한 환상으로 밝고 찬란하게 빛나는 소설의 앞부분은 깨지기 위해 등장하는 격파시범용 벽돌과 같다. 그녀가 무엇을 기대하든지 그 기대는 여지없이 깨지고야 만다. 작가는 그녀의 모든 기대가 산산이 깨어지는 과정을 통해 인생이란 기대와 환상이 부서지는 가슴 아픈 드라마임을 담담히 그려내고 있다. 근거 없는 기대는 인생을 아름답게 하지 못한다. 막연한 환상은 결코 우리를 불행에서 구원하지 못한다.

이 작품은 한 여자의 일생이기도 하지만, 작가가 제목을 여자의 일생으로 국한시키지 않았듯 남녀 모두의 인생이기도 하다. 작품 속에서 잔느의 인생을 망치는 남편 쥘리앙이나 아들 삐에르(애칭 뽈레)의 인생은 어찌 보면 더 불행한 인생이다. 잔느가 모든 기대와 희망을 투영했던 사랑의 대상인 남편과 아들은 자신들의 욕망을 제어하지 못하고 자신만 비참해지는 것이 아니라, 자신에게 기대를 건 모든 이들까지 몰락의 길을 가게 만든다. 작가는 이것이 인생이라고 담담히 말한다. 우리가 어린 시절 무엇을 기대하든지 우리는 그 기대가 이루어질 수 없는 세상에 살고 있는 지도 모른다. 좋은 조건을 가진 귀족도 불행에서 구원 받을 수 없다면 우리는 무엇을 기대하고 살아야 하는가? 깊은 성찰로 우리를 인도하는 작품이 아닐 수 없다.

1920년판 파리에서 발행된 《여자의 일생》 일러스트 에디션의 표제지. 《여자의 일생》(이춘복 역, 2017년, 동서문화사)

답을 주지 않는 작가, 답을 찾아야만 하는 우리

우리는 살아가면서 인생이 생각처럼 되지 않는다는 사실을 직면하고 괴로워한다.

주인공 잔느는 너무나 잘 생긴 귀족과 가슴 떨리는 사랑의 감정을 느끼며 순적하게 결혼한다. 그러나 누구나 겪는 성격 차이로 사이가 멀어진다. 많은 남성들처럼 그녀의 남편도 성적 유혹을 벗어나지 못하고, 부부 사이는 더욱 멀어진다. 쥘리앙은 좀 비참하게 죽는 것을 빼고는 남자의 평균을 크게 벗어나지 않는다. 결혼하기 전에는 잘 생기고 매너가 좋은 남자이지만, 실제로는 돈에 한없이 집착하고 성적 욕망을 억제하지 못하는 인간이다. 대안적 답을 찾지 못한다면 우리도 주인공 부부와 크게 다르지 않은 많은 문제들을 겪을 수밖에 없다. 실제 작품 안에서도 신부의 노력과 아무 상관없이 주인공의 주변 인물들, 심지어 잔느의 부모님까지도 불륜에서 벗어나지 못하는 삶을 살았다. 우리는 이런 인생을 잔느처럼 그냥 받아들여야 할 것인가? 아니면 답을 찾아야 할 것인가?

그녀는 남편에 대한 기대와 환상이 깨어지자 아들에게 모든 기대와 환상을 집중시킨다. 그러나 아들도 전혀 답이 되지 못한다. 아빠를 닮았을까? 아들은 창녀와 사랑에 빠지고 만다. 어머니는 아들에 대한 사랑으로 그나마 남아있던 재산까지 모두 탕진하며, 문자 그대로 모든 것을 쏟아 아들을 사랑한다. 그러나 아들은 계속 어머니 잔느에게 고통만을 안겨준다. 그녀는 아들 때문에 자신의 소유인 레뻬쁠 저택도 팔고 작은 집으로 이사한다. 이 주인공은 작품의 마지막에 다시 기대와 희망을 발견하는데, 그것은 바로 망해버린 아들에게서 얻은 손녀를 통해서다. 우리는 그나마 다행이라고 느끼면서도, 또한 헛된 기대가 되지 않을지 걱정하게 된다. 자녀에게 기대를 넘어 집착하다가 실망하고 고뇌

1883년 《여자의 일생》에 삽입된 판화 삽화.

에 빠진 어머니들을 우리는 얼마나 많이 보게 되는가? 그냥 그것이 인생이려니 해야 하는가? 아니면 답을 찾아야 할 것인가? 작가는 답을 찾아야 한다고 우리에게 말하지 않는다. 그러나 우리는 가슴 아픈 인생의 현실을 인정하며, 동시에 막연한 기대와 환상을 넘어 현실을 개선할 답을 찾아야만 한다는 확신에 이르게 된다.

우리가 무엇을 기대하든지 그 기대는 쉽게 깨어지고 만다.
그것이 인생이다

《여자의 일생》은 있는 그대로의 현실을 그려내는 사실주의 작가의 작품이다. 작가는 노르망디 출신으로 자신의 고향을 배경으로 벌어지는 현실을 한 여인의 인생을 통해 그려낸다. 이 작품은 높은 개연성을 가지고 받아들여질 수밖에 없다. 너무나 실제 인생과 가깝기 때문이다. 주인공 잔느는 매우 좋은 조건을 가지고 있다. 그녀는 여성으로서의 아름다움을 소유했다. 자녀를 사랑하는 부유한 귀족의 딸로 태어나 교육을 받았다. 장자끄 루소의 영향을 받은 그의 아버지는 딸을 아름답게 키우려고 나름 치밀하게 준비하고 계획했다.

그의 큰 장점이며 동시에 큰 단점은 선량하다는 것이었다. 남을 사랑하고 남에게 호의를 베풀고 남을 포용하기에 넘칠 듯한 선량함, 산만하고 저항력이 없으며 의지의 힘이 마비된 듯한 선량함, 그것은 정력이 말라버린 거의 악덕에 가까운 선량함이었다. 이론가인 그는 딸을 행복하고, 착하고, 올바르고, 친절하게 키우기 위해서 한 교육방침을 계획해 놓았다. 그래서 딸을 12살까지만 집에서 기르고, 부인이 눈물로 애원하는 것도 뿌리치고 성심수녀원 기숙학교로 보냈다. 그는 그곳에 딸을 엄중히 가두어놓음으로써 속세에서 격리시켰으며, 세상일을 전혀 모르도록 했다. 그는 딸이 17살이 되면 깨끗하고 순박한 그대로 돌려주기를 바랐으며 그 뒤로는 자기 자신이 건전한 시정의 세계에서 양육할 생각이었다. 풍요한 전원의 품 안에서 생활하게 하며 그녀의 영혼을 일깨워주고, 소박한 사랑과 동물들의 솔직한 애정을 보이면서 청순한 삶의 법칙에 대한 그녀의 무지를 깨우쳐주고 싶었다.(1장)

그녀는 노르망디의 바다를 배경으로 하는 멋진 저택 레 뻬쁠을 자신의 것으로 상속받아 살게 되어 있었다. 미래에 대한 긍정적인 생각을 품고 있는 건강한 여성이었다. 그녀는 바다가 내려다보이는 저택에서 가정을 이루고 아이를 낳아 행복하게 살아갈 것을 꿈꿨다.

그녀는 사랑을 꿈꾸기 시작했다. 사랑! 그것은 2년 전부터 차츰 다가오

기 드 모파상의 고향 노르망디를 배경으로 《여자의 일생》 이야기가 전개되며, 모파상은 이곳 노르망디의 에트르타로 돌아와 집을 지었다.

는 불안으로 그녀의 마음을 채워오고 있었다. 이제 그녀는 마음대로 사랑할 수 있다. 이제는 그를 만나기만 하면 되는 것이다. 사랑할 사람을! 그는 어떤 사람일까? 그녀는 물론 그가 어떠한 사람인지 알 수 없었고, 또 생각해 본 일조차 없었다. 그는 바로 그일 것이다. 그뿐이었다. 다만 그녀가 알고 있는 것은 자기는 온 마음을 다 바쳐 그를 사랑할 것이며 그는 온 힘을 다해 자기를 사랑해 주리라는 것뿐이다. 둘은 이러한 밤이면 하늘의 별이 뿌리는 재 같은 빛 속을 손을 맞잡고 몸을 바싹 붙여 서로의 가슴이 뛰는 소리를 듣고 서로의 체온을 느끼며 이 감미롭고 투명한 여름밤에 둘만의 사랑에 젖으며, 오직 사랑의 힘만으로 마음속 깊이까지 숨어들도록 굳게 맺어져 산책할 것이다. 그리고 그것은 아무 파란도 없는 불멸의 사랑 속에서 끝없이 계속되리라. … 바다가 내다보이는 이 조용한 저택에서 그와 함께 살림을 꾸미리라.

아이는 둘을 낳을 것이며 남자아이는 그분 것이고 여자아이는 내 것이다. 지금 두 아이가 플라타너스와 보리수 사이의 잔디밭에서 뛰노는 모습이 눈에 선히 보이는 것 같았다. 우리 아빠와 엄마는 애정 어린 눈길을 아이들 머리 위로 보내며 대견한 눈빛으로 아이들 뒤를 좇으리라. 언제까지나 그녀는 그처럼 몽상에 잠긴 채 우두커니 서 있었다.(1장)

《여자의 일생》 속 레 뻬뿔을 연상할 수 있는 프랑스 대저택 레 뻬뿔의 모습.

주인공 잔느는 당대의 어떤 다른 여성들과 견주어도 부족하지 않을 만큼 행복의 조건을 갖추고 있었다. 그토록 많은 이들이 갖추고 싶어 하는 모든 것을 가지고 있었다. 그리고 그 조건에 걸맞게 이웃에 살던 잘생긴 귀족 자제와 사랑에 빠져 결혼한다. 그러나 결혼과 동시에 그녀의 기대는 산산조각이 나기 시작한다. 남편은 그녀를 성적 만족을 위해 이용하는 것 같았다. 그녀에게 만족할 수 없을 때는 하녀와 이웃 귀족과 불륜을 저질렀다. 그녀를 공감해 주고 사랑하는 그런 남편은 전혀 아니었다. 그녀의 아름다운 감성과 감동의 눈물을 남편은 도저히 전혀 이해할 수 없었다. 그녀가 여행 중에 느끼는 자연의 경이로움에 대한 벅찬 감정은 결코 공감을 받을 수 없었다.

잔느는 숨이 막혀 아무 말도 하지 못하고 쥘리앙의 손을 꼭 쥐었다. 이 삼라만상의 아름다움 앞에서 문득 사랑하고 싶은 욕구가 그녀를 사로잡았던 것이다. 그러나 문득 이 혼돈 속에서 풀려났을 때 그들은 붉은 화강암의 핏빛 벽으로 둘러싸인 바다를 발견했다. 이 푸른 바닷 속에는 이 핏빛 바위가 핏빛그림자를 던지고 있었다. "아아! 쥘리앙!" 하고 잔느는 중얼거릴 따름이었다. 감격에 사로잡힌 채 목이 메어 다른 말은 나오지 않았다. 눈에서는 두 줄기 눈물이 흘러내렸다. 남편은 어리둥절한 표정으로 바라보았다. "여보, 왜 그러지?" 그녀는 눈물을 닦고 웃음 지으며 떨리는 목소리로 말했다. "아무것도 아니에요. 흥분되어서… 나도 잘 모르겠어요… 좀 감동되었나 봐요. 너무나 행복해서 하찮은 일에도 흥분되는군요."

그는 여자의 이러한 흥분을 이해하지 못했다. 열광이 재난처럼 마음을 움직이고, 붙잡을 수 없는 감정이 마음을 자극시키고, 기쁨이나 또는 절망을 불러일으켜 미칠 듯하게 만들어 준다는 사실을 이해하지 못했다. 이러한 눈물이

2016년 상영된 영화 <여자의 일생>의 스틸 컷.

그로서는 우습게 여겨졌다. 그리하여 그는 험한 길에 정신이 팔려 있는 잔느에게 말했다. "타고 있는 말에나 신경 쓰는 게 좋겠소." 그들은 거의 빠져나가기 힘든 길을 따라 바닷가로 내려가서 오따의 그늘진 골짜기를 오르기 위해 오른쪽으로 길을 잡았다. 그러나 산길은 몹시 험해 보였다.(5장)

쥘리앙은 그저 돈을 아껴 부자가 되려는 목표에 열중했다. 그는 지출에 인색하여 그녀의 감정을 늘 상하게 했을 뿐 아니라 그녀의 부모님과도 심하게 다투었다.

짐을 챙기던 쥘리앙이 나직한 목소리로 아내에게 물었다. "급사에게는 20쑤만 주면 충분하겠지?" 1주일 동안 그는 늘 똑같은 질문을 되풀이했는데, 그녀는 그때마다 괴로웠다. 그녀는 좀 짜증스럽게 말했다. "얼마 주어야 할지 모를 때는 넉넉히 주는 게 좋아요." 쉴 새 없이 그는 여관집 주인이나 심부름꾼이나 마차꾼 또는 장사꾼들을 상대로 실랑이했다. 길게 궤변을 늘어놓고 얼마쯤 값을 깎고 나면 그는 손을 비비며 말했다. "나는 이유 없이 빼앗기는 것은 싫소." 그녀는 계산서가 올 때마다 낱낱이 따지려드는 남편의 성격을 이미 알고 있었으므로 몸서리쳤다. 그처럼 값을 깎으려는 것이 창피스러웠고, 신통치 않은 팁을 받아 쥐고 멸시하는 듯 한 곁눈질로 남편을 바라보는 하인들의 눈초리를 느낄 때마다 귀까지 붉어졌다.(5장)

남편에 대한 잔느의 모든 기대는 남편의 불륜 현장을 목격하며 산산히 부서진다. 둘만의 진정하고 배타적인 온전한 사랑에 대한 기대는 이 세상에서 요원한 것으로 보인다. 남성들뿐만 아니라 여성들까지도 심각한 성적 타락에 노출되어 있다. 얼마나 많은 사람이 불륜에 노출되며, 배우자의 불륜에 상처입는가?

꺼져가는 불빛으로 그녀는 남편 머리 곁의 베개 위에 나란히 놓여 있는 로잘리의 얼굴을 보았다. 그녀가 지른 비명 소리에 둘은 벌떡 일어났다. 그녀는 뜻밖의 이 놀라운 발견에 손끝하나 움직이지 못하고 얼마 동안 굳은 듯이 서 있었다. 그리고는 도망치듯 뛰어나와 자기 방으로 들어갔다. 당황한 쥘리앙이 "잔느!"하고 부르는 소리가 들렸으나 이제는 그를 보고 목소리를 듣고 그가 변명하며 거짓말을 늘어놓는 데 귀 기울이며 얼굴을 마주볼 생각을 하니 몸서리쳐져서 다시 층계 밖으로 재빨리 뛰어 내려갔다.(7장)

"그렇다고 어쩌겠습니까? 이 지방의 계집아이들은 다 저 모양입니다. 한심한 일이지만 어쩔 수 없지요. 인간 본성의 약점에 대해서 너그러워야 할 수밖에 없습니다. 대체 애를 배지 않고 시집가는 계집애란 하나도 없으니까 말씀입니다, 부인." …

신부는 다소 장난기어린 호인 같은 말투로 덧붙였다. "자, 어떻습니까? 남작도 그런 장난을 하셨으리라고 나는 장담할 수 있습니다. 자, 양심을 속이지 말고 대답하십시오. 사실이지요?" 남작은 가슴이 뜨끔하여 신부를 마주보며 걸음을 멈추었다.(7장)

1883년 《여자의 일생》에 삽입된 판화 삽화, '쥘리앙과 잔느'.

남편의 불륜 이후 출산을 하게 된 잔느는 자신을 행복하게 해 줄 대상을 아들로 변경한다. 가장 큰 행복을 주는 아들, 모든 사랑을 쏟을 수 있는 대상에 대한 지나친 기대는 후에 집착으로 변하게 된다.

산파와 의사가 그녀에게 몸을 굽히고 일을 처리했다. 그들이 무엇인가를 끄집어냈다. 그러자 이미 한 번 들어본 적이 있는 숨막히는 듯한 소리가 들려와 그녀는 몸서리쳤다. 괴로워하는 듯한, 갓난아이의 고양이 같은 약한 울음소리가 그녀의 마음과 가슴과 힘이 다 빠진 몸 속으로 파고들었다. 그녀는 무의식적으로 두 팔을 뻗으려고 했다. 그것은 그녀의 몸을 꿰뚫는 환희의 반짝임이었고, 새로 피어난 행복에 대한 비약이었다. 그녀는 순식간에 몸이 홀가분해지고 행복해졌다. 태어나서 처음 맛보는 행복이었다. 마음도 몸도 되살아난 듯 자신이 어머니가 된 것을 느꼈다.

그녀는 어린애가 보고 싶었다. 그러나 조산이었으므로 아직 머리털도 없고 손톱도 없었다. 그 애벌레 같은 아기를 보았을 때, 입을 벌리고 빽빽 우는 것을 보았을 때, 주름투성이로 찡그린 채 생명을 가진 달을 채우지 못하고 나온 그 어린아이를 만져 보았을 때 그녀는 걷잡을 수 없는 기쁨에 사로잡혔다.

자기는 살아서 모든 절망에서 벗어났으며 이제는 모든 것을 다 잊어버리고 사랑을 쏟을 수 있는 대상을 하나 얻었다는 것을 깨달았다. 그 뒤 그녀는 자기 자식에 대해서밖에 생각하지 않았다. 그녀는 갑자기 열광적인 어머니가 되었던 것이다. 사랑에 환멸을 느끼고 온갖 희망이 깨어진 만큼 더욱더 열광적이 되었다. 언제나 요람을 침대 곁에 놓게 하고는 몸을 풀고 일어나자마자 창가에 앉아 가볍게 요람을 흔들면서 며칠씩 보냈다. 그녀는 유모를 시기할 정도였다. (8장)

그녀는 또 다른 자녀를 원했지만 사산을 하고 말았다. 아들에 대한 그녀의 기대는 걷잡을 수 없을만큼 점점 커진다. 그녀는 아들을 학교에 보내지 않으려 했지만 어쩔 수 없이 아버지의 의견을 따라 학교에 보낸다. 그러나 그녀는 학교에서 경고할 정도로 아들에게 집착한다. 그 집착은 그녀를 불안과 망상으로 이끌고 더 큰 불행으로 몰고 갈 뿐이었다.

잔느는 이리하여 하루 걸러씩 오갔다. 그리고 일요일에는 아들을 외출시키려고 갔다. 휴식시간 사이에 긴 학과시간에는 무엇으로 소일할지 모르면서 학교를 떠날 기력도 용기도 없어서, 뽈레가 다시 교실에서 나올 때까지 면회실 의자 위에 앉은 채 기다렸다. 교장이 그녀를 자기 방으로 불러들여 그처럼 자주 면회 오지 말아달라고 했다. 그녀는 그러한 충고를 아랑곳하지 않았다. 그러자 교장은 만일 그녀가 노는 시간에도 놀지 못하게 하고 언제까지나 어린아이의 마음을 산란케 함으로써 공부를 방해한다면 학교로서는 부득이 아들을 돌려보낼 수밖에 없다고 경고했다. 남작에게도 그러한 통고가 왔다. 그리하여 그녀는 마치 죄수처럼 레 뻬쁠에서 감시를 받게 되었다. 그녀는 아들보다 더 초조한 마음으로 매주 휴일을 기다렸다. 쉴 새 없는 하나의 불안이 그녀 마음을 괴롭혔다. 그녀는 다만 개 마사크르만을 데리고 몽상에 잠긴 채 근처를 떠돌아다니며 며칠씩 보냈다.(11장)

1920년판 파리에서 발행된 《여자의 일생》 일러스트 에디션의 '분노하는 쥘리앙과 계단에 앉은 잔느'.

어느 토요일 아침 잔느는 뽈로부터 한 통의 편지를 받았다. 다음날은 친구들이 마련한 파티에 자기도 초대받아 집에 다니러 올 수 없다는 내용이었다. 그녀는 마치 어떤 불행을 예감한 듯, 그 일요일 하루 내내 불안에 싸여 있었다. 목요일이 되자 그녀는 더 이상 참지 못하고 르아브르를 향해 떠났다. 뭐라고 말할 수는 없으나 어쨌든 아들은 달라진 듯싶었다. 활기를 띤 것 같았고, 전보다 어른스러운 목소리로 이야기했다. 그리고는 아주 당연한 듯이 어머니에게 말했다. "저어, 어머니, 이렇게 오셨으니 나는 다음 주일에도 레 뻬쁠에 가지 않겠어요. 파티가 또 한 번 있으니까요." 그녀는 마치 아들이 새로운 세계를 향해 떠나겠다고 한 듯 깜짝 놀라서 목이 메어 말이 나오지 않았다. 겨우 입을 열 수 있게 되자 그녀는 물었다. "아니, 뿔레! 무슨 일이냐? 무슨 일이 생겼니?" 그는 웃으며 어머니에게 키스했다. "아무 일도 아녜요, 어머니. 그저 친구들하고 놀러가는 거예요. 그럴 나이가 되지 않았어요?" 어머니는 대답할 말이 없었다. 마차 안에 혼자 있게 되자 이상한 생각이 그녀를 괴롭혔다. 그녀는 아들에게서 자기가 생각하는 뿔레의 모습을 찾을 길이 없었다.(11장)

어머니의 집착 때문이었을까? 아들은 어머니의 기대를 무참히 짓밟았다. 어머니는 아들을 보고 싶다고 구걸하며, 아들은 돈을 보내달라는 편지만 보낼 뿐이었다. 어머니는 그 편지마저도 아들에게서 온 소식이라고 생각하며 소중히 여긴다.

사랑하는 내 아들아

나는 네가 내 곁으로 돌아와 주기를 간곡이 부탁하겠다. 이 어미가 늙고 병들어 1년 내내 하녀와 단 둘이서 살아가고 있다는 것을 좀 생각해 보렴. 나는 큰길가의 작은 집에서 살고 있단다. 매우 서글픈 나날을 보내고 있지. 하지만 네가 내 곁으로 와 주기만 한다면 모든 것이 달라질 듯

싶구나. 이 세상에 가진 것이라고는 너밖에 없는데 7년 동안 너 없이 살아왔으니! 너 없이 이 어미가 얼마나 불행했는지, 얼마나 내 마음을 네게 의지해 왔는지 너는 상상도 못할 것이다. 너는 나의 생명이요, 꿈이요, 유일한 희망이요, 유일한 사랑의 대상이었단다. 그런데 너는 나를 배반했고 나를 버렸다. 오! 돌아와 다오. 나의 귀여운 뿔레, 돌아와서 네 어미에게 키스해다오. 마지막 소원으로 팔을 뻗치고 있는 이 늙은 어미에게로 돌아와 다오. 잔느.(13장)

사랑하는 어머님.
찾아가서 뵐 수만 있다면 얼마나 좋겠습니까? 그러나 나는 지금 한 푼도 없습니다. 얼마쯤이라도 부쳐 주신다면 가겠습니다. 그렇지 않아도 어머니가 바라시는 대로 할 계획을 말씀드리러 갈 참이었습니다. 내가 궁핍한 생활을 하는데도 나의 반려자인 여자가 내게 쏟는 사심 없는 애정은 여전히 무한합니다. 이처럼 충실한 애정과 헌신을 공적으로 인정하지 않고 더 이상 내버려둘 수는 없을 것입니다. 어머니께서 보시면 아시겠지만 예의범절도 바릅니다. 교양도 있고, 책도 많이 읽고 있습니다.

1920년판 파리에서 발행된 《여자의 일생》 일러스트 에디션의 '하녀 로잘리와 잔느'.

어쨌든 이 여자가 나에게 어떻게 했는가 하는 것은 어머니로서 생각도 못하실 겁니다. 만일 내가 그 여자에게 감사의 뜻을 표하지 않는다면 나는 짐승이나 다름없습니다. 그래서 나는 어머니에게 결혼을 승낙해 주실 것을 요구하는 것입니다. 내가 집을 나갔던 일을 용서해 주시고 새 집에서 우리 셋이 함께 살도록 해주십시오. 어머니께서 그 여자를 아시기만 하면 곧 승낙해 주실 겁니다. 그 여자가 나무랄 데 없이 훌륭한 사람이라는 것은 내가 보증합니다. 어머니께서도 그 여자를 사랑하게 되시리라 나는 확신합니다. 나는 그 여자 없이는 혼자 살 수 없습니다. 나는 어머니의 답장을 초조한 마음으로 기다립니다. 우리는 진심으로 어머니에게 키스를 보내드립니다. 어머니의 아들인 자작 뽈 드 라마르.(13장)

모든 기대가 깨진 상황에서 늙어버린 잔느는 소설의 마지막 장면에서 아들의 딸을 껴안고 무한한 기쁨과 희망을 발견한다. 다른 희망이 없이 또 막연하게 새로운 생명에게 기대어 위로를 받는 모습이 다행스럽기도 하지만 너무도 안쓰럽다. 그 기대가 대체 어떻게 될 것인지 조바심이 들기 때문이다.

그것은 그녀의 무릎에서 자고 있는 어린아이의 체온이었다. 그러자 무한한 감동이 그녀의 가슴속으로 파고들었다. 그녀는 아직 자기가 보지도 못했던 어린아이의 얼굴을 덮고 있는 천을 와락 젖혔다. 자기 자식의 딸이었다. 그러자 이 연약한 생명이 강한 햇빛을 받아 입맛을 다시며 푸른 눈을 떴을 때, 잔느는 갑자기 두 팔로 어린아이를 끌어안고 미친 듯이 입을 맞추었다.
그러자 한편 만족하고 한편 시무룩해진 로잘리는 그녀의 팔을 잡고 말했다. "자아, 이제 그만두세요, 마님, 이러다가는 울리시겠어요." 그리고는 자신의 생각에 대답하는 듯 덧붙여 말했다. "그리고 보면 인생이란 사람들이 생각하듯 그렇게 행복하지도 불행하지도 않은 것인가 봐요."
(14장)

우리는 이 소설을 읽으며 잔느의 인생을 망친 쥘리앙을 욕하게 된다.

조금 더 확장하면 뽈의 철없는 행동에 대해 질책하는 마음을 갖게 될 것이고, 불륜에서 자유롭지 못했던 주인공의 부모를 정죄하는 마음을 갖게 될 지도 모른다. 그러나 우리가 깊이 생각해야 할 지점은 막연히 행복을 기대한다고 해서 행복이 오지 않을 뿐 아니라, 우리가 어떤 기대를 해도 그 기대가 깨질 수밖에 없는 것이 이 세상이라는 사실에 대한 냉정한 인정이다.

우리가 미래를 긍정적으로 생각한다고 해서 긍정적인 미래가 오는 것이 아니다. 왜냐하면 우리가 살고 있는 세상은 하나님과 단절된 죄인으로 가득 찬 세상이기 때문이다.

> '이는 세상에 있는 모든 것이 육신의 정욕과 안목의 정욕과 이생의 자랑이니 다 아버지께로부터 온 것이 아니요 세상으로부터 온 것이라'(요일 2:16)

우리가 만나는 사람들은 대부분 하나님과 단절되어 육신의 정욕과 안목의 정욕과 이생의 자랑을 소망하고 있다. 따라서 언제나 우리의 기대는 쉽게 깨질 수밖에 없고, 잔느처럼 대부분의 사람들은 새로운 기대의 대상을 찾아 이동한다. 그리고 또 깨어진 기대로 인해 괴로워한다.

작가는 우리에게 그런 현실을 냉정하게 보여준다. 막연한 기대는 깨어지기 마련이다. 잔느의 남편은 돈과 정욕의 노예가 되어 있다. 그것은 그의 아들 뽈도 마찬가지다. 사실 잔느의 아버지도 불륜에서 자유롭지 못했다. 잔느가 살아가는 현실 속에 많은 여성들이 흔하게 성적 타락에 빠졌으며, 잔느의 어머니도 불륜 상대가 있었다. 이런 현실 속에 순진한 잔느의 막연한 기대는 어떻게 이루어질 수 있겠는가? 우리는 이 작품을 통해 죄악으로 가득 찬 현실을 인식해야 한다. 작가의 이야기의 주제가 우리가 이 세상을 살면서 막연한 기대 이상의 그 무엇이 필요한지는 분명하지 않다. 하지만 책의 내용처럼 그 어떤 기대도 깨질 수 밖에 없는 것이 결국 인생이라면 염세주의에 빠지지 않기 위하여 어떤 대책이 필요한 것은 분명하다.

하나님께 소망을 두는 것이
인생의 답이다

이 작품을 읽다보면 좋은 조건과 긍정적인 생각과 인간의 노력도 하나님의 도움이 없이는 현실을 바꿀 수 없음을 말하는 시편 말씀에 귀 기울이게 된다.

> '여호와께서 집을 세우지 아니하시면 세우는 자의 수고가 헛되며 여호와께서 성을 지키지 아니하시면 파수꾼의 깨어 있음이 헛되도다'(시 127:1)

잔느의 좋은 조건, 긍정적인 기대들, 아들을 잘 키워보려는 모든 시도들, 그의 빚을 갚아주고 구원하려는 모든 노력들은 다 물거품이 되고 만다. 남편에 대한 기대가 무참히 깨지고, 아들에 대한 기대는 집착으로 변해 그녀의 재산 뿐 아니라 그녀의 정신까지 황폐하게 만든다. 그녀는 열심히 집을 세우려 했지만 완전히 실패했으며, 그녀가 지키려는 행복의 성은 완전히 무너졌다. 그러나 그녀는 또 막연히 아들의 딸을 안고 위로와 행복과 소망을 느낀다.

그녀의 가족은 나름 선량하기도 하고, 가족 간의 우애도 좋은 편이었으며, 미래의 행복을 위한 노력도 아끼지 않았다. 그러나 그들은 철저히 신앙을 배제하며 살아갔다. 잔느도 수녀원 부속 기숙학교에서 하던 경건의 의식을 떠난 것에 대해 기쁘게 생각하고 있었다.

> 어느 날 오후, 모녀가 벤치 위에서 쉬고 있는데 갑자기 가로숫길 저 끝에서 그들을 향해 걸어오는 뚱뚱한 신부의 모습이 보였다. 신부는 멀리서 인사하며 얼굴에 상냥한 미소를 짓고 가까이 와서 다시 한 번 인사하며 큰 소리로 외쳤다. "남작 부인, 그동안 안녕하셨습니까?" 그는 이 지방의 주임 신부였다. 부인은 철학 전성기에 태어나서 혁명시대에 신앙을 갖지 않은 부친 슬하에서 자라났기 때문에 종교에 대한 여자의 본능으로 신부를 좋아하기는 했지만 성당에는 자주 가지 않았다. 부인은 자기 교구의 사제인 삐꼬 신부를 완전히 잊어버리고 있었으므로 그를 보자 얼굴을 붉혔다.
> 　부인은 먼저 신부를 찾아가지 못한 것을 변명했다. 그러나 신부는 조금도 언짢은 기색이 없었다. 잔느의 얼굴을 보자 그녀의 아름다움을 칭찬하고, 긴 의자에 걸터앉아 법모를 무릎 위에 놓더니 이마의 땀을 씻었다. … 그는 여러 가지 이야기를 늘어놓고 마을사람에 대해 말하면서도 자기 교구에 속하는 이 두 모녀가 성당에 나오지 않는다는 사실을 전혀 눈치 채지 못한 것 같았다. 부인은 본디 무심한데다 신앙심마저 애매했으므로 인사를 드리지 못했는데 잔느는 경건한 의식을 싫도록 맛본 수녀원에서 해방된 것이 너무도 기뻐 마음이 벅차 있었다.(2장)

　잔느는 아들이 성장한 후에 신앙심이 없는 마을 사람들도 대부분 받는 종교의식에도 아들을 참석시키지 않는다. 당시 프랑스 혁명의 영향을 받은 부모님의 성향에 더해 성적 타락을 질타하던 신부에게 호감을 느끼지 못해 신앙과 더욱 멀어진 것이다. 그녀는 전원의 저택 생활과 사랑하게 될 남자와 자녀들에게만 소망을 둔다.

"신부님 나는 아기를 하나 더 갖고 싶어요." 신부는 까닭을 몰라 대답하지 못했다. 그녀는 더욱 당황하며 어물어물 설명했다. "나는 지금 세상에서 혼자 살아가고 있습니다. 나의 아버지와 남편과는 마음이 맞지 않으며 게다가 어머니는 돌아가셨습니다. 그리고…" 그녀는 몸을 떨며 낮은 목소리로 말을 이었다. "요전에 하마터면 나는 자식을 잃을 뻔했습니다. 그랬더라면 나는 어떻게 되었겠어요?" 잔느는 입을 다물었다. 신부는 그녀의 말을 어떻게 해석해야 할지 몰라서 물끄러미 바라보았다. "자아, 그러면 요점을 말씀하십시오." 잔느는 되풀이했다. "나는 아기를 하나 더 갖고 싶어요."(10장)

그리고 잔느는 두 팔로 자기를 껴안아 주던 남편이 죽은 뒤로는, 일종의 막연한 감사의 마음에 잠겨 지나간 모든 잘못을 용서해주고 행복했던 시절만을 생각했다. 그러면서도 시간은 끊임없이 흘러가 이러한 세월이 마치 쌓여진 먼지 같은 망각의 층으로 그녀의 모든 추억과 고뇌를 덮었다. 그리하여 그녀는 자식에게만 온 힘을 다했다.

어린아이는 그의 주위에 모인 세 사람의 우상이 되었으며, 그들의 유일한 관심거리였다. 어린아이는 폭군처럼 그들을 지배했다. 그가 지배하는 이 세 사람 사이에는 일종의 질투까지 벌어졌다. 무릎 위에 올려놓고 말놀이를 해주고는 남작이 이 어린아이에게서 받는 키스에 잔느는 신경질적인 눈총을 주었다. 누구에게서나 소홀한 대접을 받는 리종 이모는 이 어린아이에게서도 푸대접을 받고, 때로는 아직 말도 잘 못하는 이 주인으로부터 하녀 같은 취급을 당하며 구걸하다시피 하여 겨우 얻은 대수롭지 않은 애무와, 이 아이가 어머니나 할아버지에게 따로 특별히 베

푸는 포옹을 비교하며 자기 방으로 가서 울기도 했다.(11장)

이런 분위기에서 잔느의 아들 뽈(애칭 뽈레)은 성당에서의 신앙생활도 거부하게 된다. 그는 이렇게 말했다. "선량하신 하느님은 어디든지 계세요. 하지만 성당에는 안 계세요." 그는 사실상 신앙을 거부하고 살아가는 것이다. 그의 성적인 타락과 도박에의 집착은 신앙에 대한 회의와 관련이 있었다고 말할 수 있다. 쾌락과 도박과 한탕의 성공을 위해 살아가는 잔느의 아들도 매우 괴로운 삶을 살았던 것이다.

베드로는 하나님을 모르는 사람들이 음란과 정욕으로 악한 삶을 살아갈 뿐 아니라, 그렇게 살아가지 않는 경건한 이들을 이해하지 못하고 비난한다고 말한다.

> '너희가 음란과 정욕과 술취함과 방탕과 향락과 무법한 우상 숭배를 하여 이방인의 뜻을 따라 행한 것은 지나간 때로 족하도다 이러므로 너희가 그들과 함께 그런 극한 방탕에 달음질하지 아니하는 것을 그들이 이상히 여겨 비방하나'(벧전 4:3~4)

1920년판 파리에서 발행된 《여자의 일생》 일러스트 에디션의 '잔느를 찾아온 라마르 자작'.

인간은 자신을 창조하신 하나님과의 교제 속에서 자신의 정체성을 찾고, 삶의 목적을 발견해야 한다. 그러므로 하나님과의 단절된 삶은 필연적으로 자신을 욕망 가운데 살아가도록 내버려 둔다.

'묵시가 없으면 백성이 방자히 행하거니와 율법을 지키는 자는 복이 있느니라'(잠

욕망 가운데 살아가는 모습은 각자가 다를 것이다. 누군가는 잔느처럼 자신의 행복과 자녀들에게 소망을 두는 삶일 것이며, 누군가는 쥘리앙처럼 물질과 성적 욕망에서 벗어날 수 없는 삶일 것이며, 누군가는 뿔과 같이 술과 쾌락과 도박에 중독된 삶일 것이고, 누군가는 안정과 평안을 소망하는 평범한 삶일 것이다. 제각각의 모양이라 하더라도 하나님께 소망을 두고 그의 영광을 위해 살아가지 않는 사람은 극심한 상실감과 허망함 속에 살아가게 되며, 그 결과 자신의 어떠한 기대도 깨지는 삶의 불행을 맛보게 될 것이다. 미래에 대한 극심한 두려움 때문에 욕망 속에서 죽어가는 어리석은 부자와 같은 허무한 삶을 살아가게 될 것이다.

'또 비유로 그들에게 말하여 이르시되 한 부자가 그 밭에 소출이 풍성하매 심중에 생각하여 이르되 내가 곡식 쌓아 둘 곳이 없으니 어찌할까 하고 … 하나님은 이르시되 어리석은 자여 오늘 밤에 내 영혼을 도로 찾으리니 그러면 네 준비한 것이 누구의 것이 되겠느냐 하셨으니 자기를 위하여 재물을 쌓아 두고 하나님께 대하여 부요하지 못한 자가 이와 같으

1883년 《여자의 일생》에 삽입된 판화 삽화, '뿔의 죽음'.

니라'(눅 12:16~21)

하나님과 단절된 인간은 결코 행복할 수 없다. 그 영혼의 빈 공간을 채울 수 없어 매우 갈급한 삶을 살게 된다. 그 결과 온갖 어리석은 죄와 집착으로 빈 공간을 채우게 되는 것이다. 불안과 망상과 허무함을 느끼고 삶을 살아가게 되는 것이다. 시편 기자는 하나님께 소망을 두라고 자신의 영혼에 명령한다.

'내 영혼아 네가 어찌하여 낙심하며 어찌하여 내 속에서 불안해 하는가 너는 하나님께 소망을 두라 그가 나타나 도우심으로 말미암아 내가 여전히 찬송하리로다'(시 42:5)

하나님께 소망을 두는 이들은 불안과 허무함을 채울 대상에게 집착하지 않고 진정한 영혼의 자유를 누리며, 부하거나 가난하거나 사회적인 지위가 높거나 낮거나 상관 없이 의미 있고 풍성한 인생으로 행복하게 될 것이다. 하나님께 소망을 두는 것이 인생의 답이다. 이것이 《여자의 일생》을 쓴 작가의 생각인지는 알 수 없다. 아마 이런 복음적인 생각을 독자에게 주려고 이 작품을 쓰지 않았을 가능성이 높다. 하지만 온갖 쾌락을 즐기다가 성병에 걸려 정신병원에서 짧은 생을 마감한 작가의 삶을 봐도 하나님께 소망을 두는 것이 인생의 답이라는 명제는 충분히 입증되고 남을 것 같다.

하나님나라 관점으로 작품요약

미래의 희망에 가득한 소녀,
사랑하는 사람을 만나 결혼하다 (1~3장)

소설은 폭우가 쏟아지는 날, 주인공 잔느가 수녀원에 있는 기숙학교에서 나오는 날의 날씨를 묘사하며 시작된다.

'잔느는 짐을 다 꾸리자 다시 창 앞으로 가 보았다. 비는 여전히 내리고 있었다.'

잔느는 희망에 가득 찬 소녀였지만, 날씨에 대한 묘사는 순탄치 않을 그녀의 인생을 보여주고 있다. 귀족의 외동딸로 남작인 아버지와 어머니의 사랑을 듬뿍 받으며 성장한 그녀는 17세가 되어 수녀원 부속 기숙학교를 나와, 온갖 행복을 누리며 살아갈 희망에 부풀어 있다. 아버지의 뜻을 따라 속세와 떨어진 수녀원에서 성장한 잔느는 아름다운 소녀였다. 전원생활을 좋아하여 레 뻬쁠에 있는 상속받은 저택에서 살게 되었다. 풍족하고 부족할 것이 없는 그녀는 사랑하는 사람을 만나 행복한 가정을 이루고, 아들 하나 딸 하나를 낳아 바다가 보이는 상속받은 저택에서 살아가

143

게 될 것을 꿈꾸며 지내고 있었다.

그녀는 전원생활을 만끽했다. 부모님도 나름 전원생활을 즐기고 있었다. 잔느는 건강이 좋지 않은 어머니와 간혹 하녀 대신 같이 산책하며 대화했고, 어머니는 딸이 자신과 같은 욕망을 가지고 있음을 알게 되었다. 세상 모든 사람들은 같은 욕망을 가지고 있을 것이 틀림없었다. 그녀의 가족은 신앙에는 큰 관심이 없었는데, 어느 날 오후 교구 사제를 만나 잘 가지 않던 성당에 가게 되었다. 저녁식사에 신부를 초대했고, 식사 자리에서 그 지역에 사는 라마르 자작(쥘리앙)에 대해 이야기를 듣게 되었다.

그 다음 일요일 잔느와 어머니는 미사에 참석했고 쥘리앙을 소개받았다. 그는 수려한 말솜씨에 여자들에게 동경의 대상이 될 만한 외모를 지니고 있었다. 이 만남을 시작으로 라마르 자작은 잔느의 가정을 방문하게 되었고, 쥘리앙과 잔느에게는 사랑의 감정이 싹트게 되었다. 잔느는 그와의 사랑에서 행복한 미래를 꿈꿀 수 있었고, 그는 풀이 우거진 오솔길에서 그녀에게 청혼했다. 그녀는 눈빛으로 긍정의 답변을 던졌다. 잔느는 미래의 행복에 대한 찬란한 기대에 마음이 벅차올랐다.

결혼 후 남편에게 실망하며
사랑에 대해 환멸을 느끼다(4~6장)

두 사람은 곧 결혼식을 올리게 되었다. 잔느는 미래의 환희와 기쁨을 가로막고 있던 마지막 장벽을 넘어섰다. 기대와 환상 속에 그들은 부부가 되었다. 그러나 거칠게 첫날밤을 치르고 잠들어버린 남편을 보며 잔느는 자신의 기대가 파괴되는 것을 느꼈다. 이런 것이 아내가 된다는 것인가 하는 탄식이 흘러 나왔다. 그리고 모욕감과 분노가 치밀어 올랐다. 자고 일어난 남편은 자신의 경제관념에 입각한 앞으로의 생활 방침을 늘어놓았다. 잔느는 경제라는 말에 놀랐다.

두 사람은 코르시카로 신혼여행을 가게 되었다. 잔느는 여행의 감성에 젖었지만, 남편은 별 관심이 없었다. 계속 돈을 아끼려고 따지는 남편에게 아내는 부끄러움을 느꼈다. 거기에 성적 욕망에 따라 행동하며 감정을 배려해주지 않는 남편에게 심한 모욕감도 느꼈다. 여행 과정에서 행복한 순간이 없었던 것은 아니지만, 두 사람은 많은 부분에서 차이를 드러냈고, 잔느는 계속 감정이 상했다.

신혼의 감미로운 순간은 단조로운 일상으로 바뀌고, 잔느는 일종의 환멸과 허물어져가는 꿈을 느꼈다. 서로에 대한 관심이 줄어드는 가운데, 잔느가 느끼기에는 남편이 완전히 다른 사람이 된 것 같았다. 외모도 가꾸지 않고, 퉁명스러운 말투에, 방도 따로 쓰는 일이 많아졌다. 쥘리앙의 관심은 오직 재산을 지키는 데에만 집중되었다. 심지어 장인에게도 돈을 탕진한다고 화를 냈다. 이렇게 잔느의 부모님은 사위의 냉대를 뒤로하고 딸 부부를 떠나 집으로 돌아갔다. 잔느는 아버지에게 맥 빠진 목소리로 말했다. '살아가는

1883년 《여자의 일생》에 삽입된 판화 삽화, '하녀 로잘리'.

것이란 언제나 즐겁기만 한 것은 아니군요.' 아버지도 한숨지으며 말했다. '우리도 그것은 어떻게 할 수 없단다.' 순진하게 행복을 기대하던 주인공은 불행으로 빠져드는 인생에 속수무책으로 함몰되어가고 있었다.

남편의 계속된 불륜과 죽음으로 모든 소망이 아들에게 집중되다(7-10장)

레 뻬쁠에는 잔느와 쥘리앙만이 남게 되었다. 남편은 인색한 본능을 더욱 드러내며, 돈을 쓰지 못하게 막았다. 잔느는 싸움을 피하기 위해 아무 말도 하지 않았다. 그녀는 권태를 느꼈다. 겨울이 되었을 때 하녀 로잘리가 아기를 출산했다. 잔느는 유모에게 맡겨 아이를 길러주려고 했지만, 남편은 비용 문제를 들며 하녀와 아기를 쫓아내려고 했다. 그러던 어느 날 밤에 잔느는 남편과 하녀와의 불륜 현장을 목격한다. 너무나 큰 충격에 눈밭을 달려 낭떠러지 아래 물속에 몸을 던져 죽어버리려 하다가 의식을 잃었다. 그녀는 남편의 불륜을 고발했지만, 남편은 그녀가 정신착란 속에서 헛것을 본 것이라고 거짓말했다. 남편의 불륜은 사실로 인정되었지만, 그 와중에 자신이 임신했다는 것을 알게 되었고, 결국 어쩔 수 없이 남편의 부정을 눈감아 주게 되었다. 하녀 로잘리는 다른 남자와 결혼하여 집을 나가게 되었다.

1920년판 파리에서 발행된 《여자의 일생》 일러스트 에디션의 '하녀 로잘리'.

잔느는 고통스러운 하루하루를 보냈다. 심한 진통이 찾아왔고, 드디어 아이를 품에 안은 순간 처음 맛보는 행복을 느꼈다. 그녀는 걷잡을 수 없는 기쁨에 사로잡혔다. 그녀의 열광적인 모성애에 부모님도 흐뭇했다. 그녀의 부모님은 하녀 로잘리가 가정을 이루도록 많은 돈을 주려했고, 돈에 미친 쥘리앙은 펄펄 뛰며 반대했다. 잔느는 남편이 무엇을 하든 아무렇지도 않게 되었다. 남 같이 느껴지는 남편을 뒤로하고, 아들만이 행복의 샘이 되었다. 남편에 대한 실망이 아들에 대한 집착으로 변하는 순간이었다.

잔느가 아들에게 빠져 있는 사이에 쥘리앙은 이웃의 백작 부부와 교제하며 지냈다. 어느 날 그녀는 남편이 백작부인과 불륜행각을 벌이고 있다는 것을 알게 되었다. 그러나 이제는 질투나 원망의 감정이 드는 것이 아니라 멸시의 감정이 들었다. 그녀는 감정을 숨길 수 있게 되었고, 대신 인간에 대한 공허와 모멸감으로 마음을 채웠다. 그녀는 성장하는 아들을 보며 행복에 빠져들었다. 그러던 중 건강이 좋지 않았던 어머니의 죽음이 찾아왔고, 혼자 어머니의 시신을 지키며 유품을 정리하던 중 어머니도 불륜의 대상이 있었다는 사실을 알게 되었다. 실망과 배신감이 한층 더 그녀를 채웠다.

어머니의 장례 이후 아버지도 떠났다. 다시 평온해진 잔느는 뽈의 질병으로 거의 이성을 잃고 먹지도 자지도 않고 10일 간을 보내게 되었다. 뽈의 병은 나았지만, 그녀는 자녀가 하나 더 있어야 한다는 생각에 집착하게 되었다. 남편은 자식을 낳을 생각이 없었지만, 잔느는 남편을 속여 임신하게 되었다. 임신 사실 자체로 그녀는 행복해졌다. 자녀들이 자신을 사랑해 줄 것이라는 생각에 미래에 대한 안도감을 느꼈다. 한편 새로 부임

한 신부는 그 지역에 만연한 성적 타락에 대해 질타하고, 불륜과 투쟁을 선언했다. 그런 분위기에서 남편은 백작부인과 불륜을 계속했는데, 아내의 불륜 사실에 격분한 백작이 불륜 현장이었던 오두막집 문을 잠그고 언덕에서 밀어버렸다. 두 사람은 비참하게 죽고 말았다. 남편의 참혹한 죽음에 충격을 받은 잔느는 아이를 낳았는데, 그 아기는 죽은 채로 태어났다.

아들에 대한 소망이 깨어지며 절망하는 잔느, 손녀에게서 희망을 발견하다(11~14장)

이제 유일하게 남은 아들이 유일한 우상이 되었다. 남편의 죽음으로 신부에게 좋지 않은 감정을 갖게 된 잔느는 아들을 성당에 보내지 않았다. 이모 리종의 애원과 신부의 간청에도 불구하고 열두 살에 받아야 하는 성체 배수를 받지 않는다. 아들은 15세가 되었지만 엄마는 늘 아들 걱정뿐이었다. 그녀는 아들을 자기 옆에만 두고자 했다. 결국 잔느의 아버지는 손자를 억지로 학교에 보내기로 했다.

1920년판 파리에서 발행된 《여자의 일생》 일러스트 에디션의 '잔느와 쥘리앙'.

잔느는 아들에 대한 집착에서 벗어날 수 없었다. 학업 성적도 좋지 않았던 아들은 스무 살이 되어 점점 집과 멀어졌다. 엄마는 큰 충격을 받았다. 그러던 중 도박 빚을 받으려고 한 늙은이가 방문했다. 뽈은 학교에 가지 않게 되었고, 창녀와 사랑에 빠져 멀리 도망쳐 버렸다. 간혹 아들에게서 편지가 왔는데 내용은 빚을 갚아달라는 내용이었다. 잔느의 아버지도 뽈의 일을 처리하다가 급사했고, 이모 리종도 죽음을 맞았다. 그나마 위안이 되는 사건이 일어났는데, 하녀 로잘리가 잔느를 돌봐주기 위해 돌아왔다는 것이다.

로잘리는 그녀를 돌봐주며 레 뻬쁠을 팔고 아들의 빚 문제에도 조언하며 정리를 해 주었다. 잔느는 집을 팔고 작은 집으로 이사했다. 잔느는 정신적으로 망가지고 있었다. 하인들도 떠나고 잔느는 불쌍한 처지가 되었다. 잔느는 이사를 한 후에도 아들 생각뿐이었고, 이사하고 남은 돈도 아들에게 보내려고 했다. 물론 하녀 로잘리의 반대로 보낼 수는 없었다. 그녀는 창녀에 빠져 있는 아들을 찾고자 파리로 간다. 제대로 먹지도 못하고 헛수고만 하다가 아들의 빚을 갚아달라는 사람에게 돈만 치러주는 허망한 시간을 보냈다.

그녀는 집으로 돌아와 난롯불에 의지해 과거의 추억에 잠겨 무기력하게 하루하루를 살아간다. 아들에 대한 망상에 빠지기도 하고 정신착란과 편집증적 증세를 보인다. 자신의 비참한 인생에 대해 생각하며 눈물을 흘리기도 한다. 간혹 몽상에 젖어 희망에 빠지기도 하다가 다시 슬픔에 젖어 들기도 했다. 레 뻬쁠을 방문하여 옛 추억의 장소에서 상념에 잠기기도 했다. 그러다가 아들

1920년판 파리에서 발행된 《여자의 일생》 일러스트 에디션의 '뽈의 딸을 안고 있는 잔느'.

에게 편지를 받는데 내용은 자신이 딸을 낳았고, 아가의 엄마는 죽어간 다는 소식이었다.

하녀 로잘리는 손녀 딸을 데리고 와서 잔느의 품에 내밀었다. 아기의 체온이 그녀를 감싸는 동시에, 무한한 감동이 다시 그녀의 가슴을 파고들었다. 그녀는 미친 듯이 아기에게 입을 맞춘다. 하녀 로잘리의 말로 소설은 마무리된다.

"그러고 보면 인생이란 사람들이 생각하듯 그렇게 행복하지도 불행하지 도 않은 것인가 봐요"

05장

여 성 의   인 생 은
어 떻 게   몰 락 하 는 가 ?

귀스타브 플로베르《보바리부인》

(번역본 : 민희식 역, 동서문화사)

인트로 : 몰락하는 인생을 타산지석으로 삼게 하는
묘사의 달인 플로베르

난 있는 그대로 이야기한다.
사실주의 문학의 대부 플로베르

《보바리 부인》의 작가 플로베르는 프랑스 루앙에서 의사의 아들로 태어났다. 많은 작가가 그러했듯 부모님의 강요로 법학을 전공했다. 하지만 그의 타고난 재능과 성품을 어찌 바꿀 수 있겠는가? 그가 간질 비슷한 신경증을 보인 이후 그의 부모님은 더 이상 그를 통제하지 않았다. 그의 작가적 감수성은 그의 신경증이 입증했는지도 모르겠다. 그는 작가의 길에

뛰어들어 그 시대 사회의 모습을 있는 그대로 그려내며, 우리에게 성경만큼이나 정확하게 인간의 본질과 인생의 본질을 탐구할 수 있는 작품을 남겼다. 그는 신경증을 앓았던 전력에 걸맞게 타협없이 집착에 가까울 정도로 사실적으로 작품을 썼다. 그래서 사실주의 문학의 대부가 되었다. 《여자의 일생》을 쓴 모파상 같은 작가들이 그의 뒤를 이어 우리 인생과 유사한 주인공의 인

1865~1869년경의 귀스타브 플로베르.

생을 사실적으로 그러나 너무나 문학적으로 묘사했고, 우리는 우리 인생을 멀리 떨어져서 객관적으로 볼 수 있는 기회를 얻게 되었다. 플로베르와 제자들의 작품은 우리에게 현실을 직면하게 하며 우리 자신의 문제와 세상의 본질을 깨닫게 해 준다는 면에서 큰 의미가 있다.

그는 돌 한 개를 묘사하는 데도 그것에 가장 알맞은 단 하나의 낱말을 찾았다고 한다. 얼마나 많은 고민을 했을까? 실제로 《보바리 부인》도 5년 정도 열정을 쏟아 고치고 또 고친 작품이라고 한다. 자신의 사상이나 의견을 주입하지 않고 냉정한 자세로 인물들의 행동과 주위 환경을 묘사하는 그의 작품들을 읽어보면 사진을 보는 것 같은 느낌을 준다. 인생과 세상에 대해 그처럼 냉정하고 객관적인 태도를 갖는다는 것은 정말 많은 훈련의 결과일 것이다. 무조건 끼어들어 자기 의견을 말하고 싶은 우리 인간의 일반적인 특성을 고려하자면, 자신의 의견을 철저히 숨기고 모든 판단을 독자에게 맡기는 그의 작품이야말로 그 자체로 대단한 가치가 있다. 그의 작품은 그 시대의 인생의 화석이라 할 수 있다. 있는 그대로 이야기하는 그의 작품은 99.9% 순도 높은 현실이다. 그는 죽었지만 말하고 있다. 나는 있는 그대로 이야기한다고.

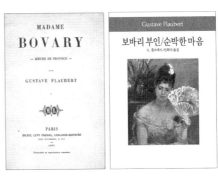

1857년 《보바리 부인》 초판의 표제지.
《보바리부인》(민희식 역, 2017년, 동서문화사)

보바리 부인은 우리 자신이다

냉정한 자세로 연구하고 소설을 집필하는 작가였던 플로베르에 의해서 탄생된 너무나 유명한 인물이 바로 보바리 부인이다.

이 작품으로 작가는 큰 비난의 대상이 되기로 했고, 풍기문란 혐의로 기소되기도 했다. 여성의 불륜을 소재로 했다는 것이 당시에 파격적이었다. 게다가 그는 사실을 있는 그대로 묘사하는 작가가 아닌가? 그는 19세기 중반에 존재했던 한 파멸하는 인물에 대해 있는 그대로 이야기했을 뿐이다. 사실 작품을 읽어보면 불륜의 장면에 대한 자세한 묘사는 극도로 절제되어 있다. 예를 들면 주인공 엠마와 레옹의 마차 속 불륜 장면은 마차가 달리는 장면을 밖에서 묘사하며 진행된다. 그는 결코 외설적인 작가가 아니었다. 그는 인생의 본질을 그려내는 데 가장 적합한 인물을 찾아 사실대로 그렸던 것이다. 그리고 그 인생의 본질 속에 여성의 불륜과 파멸이 있었을 뿐이다.

작가 플로베르는 자신의 작품을 두고 '보바리 부인은 나 자신이다'라는 유명한 말을 남겼다. 그는 보바리 부인에게서 자신을, 나아가 인간의 공통된 본질을 보았던 것이다. 실제로 이 작품은 1848년 프랑스 노르망디 지방의 '델핀 드라마르'라는 실존인물의 사건에서 영감을 받아 만들어졌다. 약간 가공이 되긴 했겠지만 보바리 부인은 작가 주위에 존재하는 현실적인 인물이었던 것이다.

인간은 모두 내면에 커다란 결핍을 가지고 있다. 그 무엇으로도 채울 수 없는 영혼의 공간이다. 보바리 부인은 그 공간을 자신이 보았던 낭만 소설의 여주인공과 같은 삶으로 채우고 싶었다. 그러나 그녀가 답답한 수도원을 나와도, 결혼을 해서 또스뜨에서 남편과 안정된 삶을 살아도, 용빌르라는 새로운 도시로 이사를 가도, 취향과 감성이 잘 맞는 레옹이라는 젊은이와 사랑을 해도, 로돌프라는 귀족과 쾌락을 즐겨도, 수많은 물건을 사들여 자신을 만족시키려 해도 그 공간은 채워질 수가 없었다. 결국 그녀는 내면의 공허함을 헛된 것으로 채우려 하다가 파멸한다. 그녀는 내면의 공허함을 헛된 것으로 채우려고 방황하다가 인생을 그르치는 인생의 본질을 분명하고 파격적으로 드러내는 실제 인물이었으며, 동시에 우리 자신이었던 것이다.

보바리즘

대략 용어만 들어봐도 감이 잡히겠지만, '보바리즘'은《보바리 부인》의 주인공 이름에서 착안하여 1892년 쥘 드 고티에라는 프랑스 학자가 유행시킨 용어다. 보바리즘은 일종의 감정적인 불만족상태를 의미한다. 소설 속 보바리 부인처럼 지나치게 거대하고 헛된 야망을 쫓는 상태, 환상과 소설의 세계 속으로 도피하는 심리 상태를 뜻하기도 한다.《보바리 부인》에서 주인공 엠마 보바리는 어린 시절 낭만적인 연애소설을 많이 읽었다. 또한 그녀는 결혼 후 귀족들의 화려한 삶에 대한 동경을 통해 비현실적인 망상을 키워간다. 그녀의 결혼생활은 그녀를 낭만적인 여주인공으로 만들어주지 못했고, 그녀의 비현실적인 망상을 채워줄 수도 없었다. 그녀는 결혼을 통해 계속 불만족상태를 느끼고, 그럴수록 더 환상과 소설의 세계로 도피하여 비현실적인 변화를 꿈꾼다.

그녀는 남편에게서 채워지지 않는 불만족상태를 레옹이라는 젊은 남자를 통

1931년 찰스 린드레가 그린 《보바리 부인》 삽화.

해 채우려고 한다. 또한 로돌프라는 남성과 욕정을 불태우면서 자신을 환상의 세계로 몰아넣는다. 남편이 유명해져서 자신을 귀족처럼 살게 해 주지 않을까 생각하고 무리하게 다리교정 수술을 하다가 환자의 다리를 절단하게 되는 지경에 이른다. 새로운 하녀를 통해 귀부인 같은 대우를 받으려 했고, 화려한 물품들을 구입해서 집과 자신을 꾸미면서 불만족을 채우려 한다. 그러나 끊임없는 불만족상태, 홀연히 누가 나타나 자신의 삶을 바꿔줄 것이라는 환상은 자신을 쾌락의 도구가 되게 했을 뿐이며, 그녀에게는 더 큰 불만족과 더불어 큰 채무만을 남겼다. 보바리즘은 막연한 행복을 꿈꾸며, 자신의 환상에 갇혀 살아가는 현대인들이 꼭 극복해야 하는 마음의 질병이다.

무엇이 우리의 욕망을 형성하는지가
인생을 결정한다

사람은 자기가 욕망하는 것을 위해 살아간다. 심하게 말하면 사람은 자기의 욕망을 섬기며, 그 욕망의 종이 되어 살아간다. 청소년들이 게임을 욕망하면 도저히 말릴 수 없다. 어떤 방법을 쓰더라고 그 욕망을 채우려 한다. 쇼핑의 욕망에 중독된 사람은 그 욕망이 주인이 되어 시간과 돈을 다 허비하게 만든다. 그러나 배움의 욕망, 미에 대한 욕망, 참된 삶을 향한 욕망은 우리의 삶을 아름답게 이끈다. 그렇다면 무엇이 우리의 욕망을 형성하는 것인가? 어릴 때부터 마음을 채운 것이 욕망을 만들어낸다고 《보바리 부인》의 작가 플로베르는 말한다. 즉, 어린 시절부터 보고 사랑한 것들이 욕망이 된다는 것이다.

1935년 에드가 샤힌이 그린 엠마 보바리 삽화.

이 소설 속에서는 엠마가 읽었던 책에 대한 내용이 많이 나온다. 엠마(보바리 부인)는 어릴 때부터

157

낭만적인 연애소설에 빠져 성장한다. 비현실적인 사랑의 열정을 한껏 받아 행복을 누리는 소설의 여주인공이 되고 싶다는 환상이 그녀의 마음을 잠식하기 시작한다. 짜릿한 로맨스, 화려한 옷과 장식품들, 따라서 그녀는 역사책을 통해서도 뭔가 교훈을 얻기 보다는 화려한 역사 속 인물처럼 대우 받으며 살고 싶다는 환상만 키워간다. 그녀는 수도원에서 교육을 받았지만 그녀의 관심은 오로지 자신을 환상적인 세계로 이끌어줄 약혼자와의 영원한 결합과 같은 비유들뿐이었다. 다음의 장면을 통해 그녀를 결국 파멸로 이끄는 내면의 잘못된 욕망이 어디서 형성되었는지 알 수 있다.

수녀원에는 매달 한 주일씩 옷과 침구를 손질하러오는 노처녀가 있었다. 대혁명 때 몰락한 귀족의 딸이라 해서 대주교의 보호를 받고 있었으며, 식당에서는 수녀들과 한 테이블에서 식사를 하고, 식사가 끝나면 이층으로 일하러 가기 전에 수녀들과 한참 동안 잡담하곤 했다. 기숙사 학생들은 자습실을 빠져나와 곧잘 그녀가 있는 곳으로 갔다. 그녀는 옛날에 유행하던 사랑의 노래를 잘 외우고 있어 바느질을 하며 나직이 들려주곤 했다. 또 여러 가지 이야기를 해주고, 세상 소식을 전해 주기도 하고 어떤 때에는 바깥심부름도 해주고, 앞치마 주머니에 살짝 소설책을 숨겨 가지고 들어와 상급생들에게 빌려주기도 했다. 또 그녀 자신도 일하는 틈틈이 몇 장씩 읽곤 했다.

그 내용은 언제나 사랑, 사랑하는 남녀, 쓸쓸한 외딴 집에서 기절하는 귀부인, 말을 갈아타는 곳에 다다르면 언제나 살해당하는 마부, 페이지마다 지쳐 죽은 말, 음산한 숲, 산란한 마음, 사랑의 맹세, 흐느낌, 눈물과 키스, 달빛에 비친 조각배, 풀숲에서 우는 꾀꼬리, 사자처럼 용맹하고 양처럼 유순하고 빼어나게 덕이 높고 늘 훌륭한 복장을 하고 그러면서도 울 때는 하염없이 우는 신사들에 관한 것이었다. 15살 때, 엠마는 이 빌려온 책의 먼지에 반 년 이상이나 손을 더럽혔다. 그 뒤에는 월터 스콧의 작품을 읽고 역사적인 일에 열중하여 오래된 옷궤며, 무사 대기실, 방랑 시인을 그리워했다. 날마다 중세풍의 클로버형 아치 아래에서 돌 위에 팔꿈치를 짚고 턱을 두 손에 괴고는, 아득히 들판 저쪽에서 모자에 흰 깃털을 달고 검은 말을 타고 달려오는 기사를 기다리는 긴 코르사주를 입은 공주님처럼 오래된 성관에 살고 싶었다. 그 무렵 엠마는 메리 스튜어트를 숭배하고, 유명하거나 불행한 여자들에게 열렬한 존경심을 바쳤다. 잔 다르크, 엘로이즈, 아네스 소렐, 미녀 페로니에르, 끌레망스 이조르, 이러한 여자들은 무한한 역사의 어두움 속에서 마치 찬란한 혜성처럼 빛나는 것 같았다. 또 거기에는 떡갈나무 그늘에 있는 성왕 루이, 죽어가는 바야르 장군, 루이 11세의 잔인한 행위, 성 바돌로매의 학살, 앙리 4세가 썼던 투구의 깃 장식, 그리고 루이 14세를 찬양하는 그림 접시의 기억, 이런 것들도 조금씩 여기저기에 아무런 연관도 없이 어두움 속에 더욱 흐릿한 모습으로 떠 있었다.

음악 시간에 엠마가 부르는 소곡에는 언제나 황금 날개를 가진 어린 천사와 마돈나, 베니스 만과 곤돌라의 뱃사공이 나왔는데, 이런 태평스러운 노래들은 졸렬한 문구와 우스운 음절로 되어 있으면서도 뭔가 매력적인 환상을 엿보게 해주었다.(1부 5장)

이렇게 온갖 환상과 화려한 삶에 대한 동경으로 가득 차 있었던 엠마는 결혼 후에 너무나 평범하고 성실하게 일만 하는 남편 샤를르에게 지독한 불만을 갖게 되었다. 남편은 이 평범한 결혼생활이 너무나 만족스러웠지만, 아내에게는 견딜 수 없는 지옥과 같이 여겨졌다. 그들의 관계는 남편이 인지하지도 못한 채로 점점 나빠지고 있었다. 이것은 남편 샤를르의 잘못이라기보다 그녀의 내면을 잠식하고 있는 비현실적인 욕망

때문이다. 그러던 어느 날 엠마의 환상을 더욱 부추기는 사건이 일어난다. 남편의 치료를 받은 한 귀족이 보바리 부부를 자신의 저택에 초대한 것이다. 귀족들과의 화려한 만찬과 무도회로 채워진 하룻밤은 엠마의 욕망을 더욱 자극했고, 그 욕망을 향해 걷잡을 수 없이 빠져들게 만들었다. 다음 장면을 통해 얼마나 화려한 삶에 대한 동경에 빠져들고 있는지 보도록 하자.

> 밖은 캄캄했다. 비가 후둑후둑 떨어지고 있었다. 그녀는 눈꺼풀에 와 닿는 축축한 찬바람을 힘껏 들이마셨다. 무도곡이 아직도 귓전에 울리고 있었다. 그녀는 이제 곧 떠나야 하는 이 호화로운 생활의 환상을 조금이라도 더 오래 간직하고 싶어서 잠을 자지 않으려고 애썼다. 날이 서서히 밝아오기 시작했다. 그녀는 어젯밤에 만나 인상에 남는 사람들의 방은 어느 것일까 생각하면서 저택 창문들을 바라보았다. 그리고 그들의 생활을 알고 싶다, 그 안에 끼어들어가 한데 어울리고 싶다고 생각했다.(1부 8장)

1935년 에드가 샤힌이 그린 샤를르 보바리 삽화.

로맨틱한 사랑을 받는 소설 속 여주인공이 되고 싶은 환상과 화려한 장신구와 맵시 있는 복장에 귀족의 매너를 갖춘 사람들과 화려한 저택에서 귀부인과 같은 대접을 받으며 살아가는 삶에 대한 동경은 귀족들과의 하루를 통해 불타오르게 되었다. 그녀를 가슴 뛰게 만드는 모든 것은 이미 정해져 있었다. 바로 그녀가 어릴 때부터 내면에 간직하게 된 욕망이었다. 그 욕망은 그녀의 주인이 되었고, 모든 것으로 자신을 숭배하게 만들었다. 물론 그녀가 막무가내로 그 욕망을 향해 달려갔던 것은 아니다. 그녀는 자신의 환상으로 이끌어줄 남자를 만나고도 아내의 정조를 지켜야 한다는 양심의 가책으로 주저했고, 신부를 찾아가서 자신의 마음을 털어놓으려고도 했었다. '그녀는 흔들리는 정조를 지키기 위해서 성모든 조각이든 무덤이든 가능한 기회라면 무엇이든 매달려보고 싶은 심정이었다.'(3부 1장) 그러나 그녀가 지닌 양심과 종교심은 자신의 욕망을 극복하기에는 한참이나 역부족이었다.

인간에게 중요한 것은 무엇으로 욕망을 형성하는가이다. 인간의 내면에는 채워야 하는 영혼의 공허함이 있다. 그래서 우리는 늘 무엇인가를 욕망하면서 살아간다. 사탄은 우리 영혼의 공허함을 헛된 욕망으로 채우도록 유혹한다. 일단 헛된 환상을 통해 품게된 악한 욕망은 점점 우리의 내면을 잠식한다. 양심의 가책이나 도덕 수업으로 절대 벗어날 수 없다. 엠마는 파멸할 때까지 헛된 욕망을 향한 삶에서 벗어나지 못했다. 중간에 주저하며 속도가 늦어졌지만 그때뿐이다. 하나님과 단절된 영혼의 공허함을 채우려는 악한 욕망에는 결코 저항할 수 없다. 따라서 우리는 하나님과의 교제를 통해 하나님의 비전을 받고 그것이 우리의 욕망이 되어야 한다. 하나님과의 교제를 통해 건강한 삶의 비전을 갖는 것, 가치 있는 목표를 찾아 매진하며 살아가는 것이 양심의 가책이나 도덕적인 교훈보다 훨씬 더 강하게 우리의 파멸을 막아준다. 바울은 자신의 욕망을 하나님께서 주신 사명으로 채웠다. 하나님과의 교제 속에서 늘 사명을 향해 달려가다 보니 자연스럽게 아름다운 삶을 살아가게 된 것이다.

'내가 달려갈 길과 주 예수께 받은 사명 곧 하나님의 은혜의 복음을 증

언하는 일을 마치려 함에는 나의 생명조차 조금도 귀한 것으로 여기지 아니하노라'(행 20:24)

바울은 하나님의 사명을 욕망하며 생명을 드렸다. 바울은 한 번 죽는 인생의 사명을 다 감당하고 아름다운 순교로 마무리했다. 반대로 엠마는 헛된 욕망에 생명을 드린 셈이다. 허망한 환상과 화려함에 대한 동경은 그녀의 삶을 비극적으로 마무리하게 했다.

'육체의 소욕은 성령을 거스르고 성령은 육체를 거스르나니'(갈 5:17)

육체의 욕망(desire)은 성령을 거스르고 우리 내면에 건강한 욕망이 자리 잡지 못하게 한다. 하지만 반대로 성령은 육체를 거스른다. 즉 성령께서 주시는 비전과 건강한 욕망이 우리를 지배하면, 우리는 육체의 헛된 욕망의 지배를 받지 않을 수 있다. 육체의 욕망이 내면에 가득한데 종교적 양심으로 이기려고 하는 것은 이미 패한 싸움이다. 우리에게 진정으로 중요한 것은 우리의 욕망을 성령의 비전으로, 하나님께서 주시는 사명으로 채우는 것이다. 사람은 스스로가 욕망하는 것을 예배한다. 따라서 내면을 건강한 욕망으로 채우는 것이 답이다. 하나님 나라를 욕망하라. 하나님께서 나를 지배하실 때, 우리의 삶은 아름답고 고귀한 삶이 될 것이다.

영혼의 공허함은 우리 삶을 파멸시킨다

영혼의 공허함은 하나님과 단절된 모든 인간이 가지는 질병이다. 엠마는 영혼의 공허함을 느끼는 평범한 인간이다. 작가 플로베르는 소위 파멸의 평범성을 담담히 말하고 있다. 그녀는 그 공허함을 환상과 동경이 뒤얽힌 헛된 욕망으로 채우려 했다가 철저히 파멸했다. 특별한 사람에게 일어나는 일이 아니다. 엠마가 특별히 문란하거나 종교성이 없는 사람이 아니라는 말이다. 그녀의 공허함이 결국 그녀를 불륜과 과소비에 빠지게 했고 독극물을 먹고 마침내 스스로 목숨을 끊게 했다. 그뿐인가, 온 가족을 모두 파멸에 이끌었다.

결혼을 했지만 영혼의 공허함이 채워지지 않는 엠마. 그녀의 문제는 진정한 사랑을 만나지 못해서 불행했던 것이 아니다. 그녀는 작중 누구를 만나도 잠시 행복감을 느끼다가 이내 불행해진다. 그녀는 남편이 유명해져서 화려한 삶을 살아가게 될 것을 바라며 불가능한 다리수술을 시켰다가 환자의 다리를 잃게 만든다. 귀족들의 화려한 생활을 동경하고 모방하지만 그것도 그녀를 채우지 못한다. 오히려 그녀의 공허함을 눈치 챈 로돌프는 자신의 쾌락의 도구로 삼았다. 레옹과의 뜨거운 사랑도 잠시 뿐, 결국 레옹에게 버림받는다. 그녀가 화려한 삶을 동경한다는 것을 알아차린 장사꾼 뢰뢰는 무모하게 물건을 팔며 자신의 부를 축적한다. 그녀는 이런 악한 사람들에게 철저히 이용당한다. 그녀가 평범한 사람들과 조금 달랐던 것은 불륜과 과소비로 자신의 공허함을 채울 수 없다는 사실을 너무 늦게 알았다는 것이다.

그녀의 채워지지 않는 공허함은 우울과 신경증으로 나타난다. 아내가 아픈 원인을 잘 모르는 남편은 그녀를 대도시 루앙으로 보낸다. 그녀는 거기서 이전의 불

2015년 개봉한 영화 <마담 보바리>에서 레옹 뒤피스 역을 맡은 에즈라 밀러의 스틸 컷.

륜상대 레옹을 만난다. 그녀는 그를 통해 환상의 세계로 갈 수 있을 것이라 여겼지만 그것은 파멸의 길이었다. 오히려 과소비로 인한 막대한 청구서가 날아왔다. 빚을 갚지 못하자 차압이 들어온다는 강제집행통지서까지 받게 된다. 주변 사람들은 외면하고, 사랑한다고 감언이설을 날려대던 레옹과 로돌프는 그녀를 돕지 않는다. 그녀는 배신감, 빚을 해결할 수 없는 암담함의 무게를 견디지 못하고 죽음을 택한다.

엠마의 문제는 윤리적인 것이 아니다. 그녀의 과소비와 불륜은 결과적인 것이다. 그녀의 진정한 문제는 내면의 공허함이 어디서 오는지 깨닫지 못했다는 것이며, 그것을 잘못된 방식으로 채우려 했다는 것이다. 그녀는 '지금 여기 남편과 함께'가 아니라 '다른 어딘가 새로운 사랑과 함께라면' 공허함이 해결될 것이라고 생각한다. 파리와 같은 대도시에서 살면 자신이 행복할 수 있을 거라 기대한다. 자신의 공허함을 불가능한 방식으로 해결하려는 이 어리석음이 그녀의 진정한 문제였던 것이다.

지상 어디에나 그 지방에서밖에 자라지 않는 식물이 있는 것처럼 행복을 낳는 곳이 어디엔가 반드시 있을 것 같았다. 왜 자기는 옷자락이 긴 검은 빌로도 옷을 입고, 우아한 장화를 신고, 끝이 뾰족한 모자와 소매 끝에 장식을 단 남편과 함께 스위스 산장 발코니에 기대앉아 있지 못하는가, 혹은 스코틀랜드의 산장에서 애수에 젖을 수 없는 것일까?

"아! 내가 왜 결혼했지?" 다른 운명으로 딴 남자를 만날 수는 없었을까 하고 생각해 보았다. 그리고 실제로 일어나지 않은 그러한 일들, 지금과 다른 생활, 알지 못하는 남편을 마음속에 그려 보려고 했다. 사실 세상 남자들이 모두 지금의 남편 같은 사람들만은 아니다. 그 사람은 어쩌면 미남에다 재주가 있고 품위가 있고 매력적인지도 모른다. 수도원 시절의 친구들이 결혼한 사람은 모두 틀림없이 그런 사람들이겠지. 그 사람들은 지금 어떻게 살고 있을까? 도회지에서 살며, 거리의 소음, 극장의 떠들썩한 분위기, 무도회의 휘황한 불빛, 그런 것에 싸여 마음이 부풀고 관능이 꽃피는 생활을 하고 있을 것이다.(1부 7장)

머나먼 파리! 파리란 대체 어떻게 생긴 곳일까? 파리, 이 얼마나 엄청난 이름인가! 엠마는 작은 소리로 그 이름을 몇 번이나 불러 보며 즐겼다. 그녀에게는 그 이름이 마치 대성당의 종소리처럼 울리고, 눈에는 포마드 병의 상표에서까지 찬란하게 빛나 보였다. 밤늦게 생선 장수가 짐마차를 타고《마요라나 꽃》노래를 부르며 창 밑을 지나갈 때면 그녀는 꼭 눈을 떴다. 그리고 쇠바퀴 소리에 귀를 기울이고 있다가 그것이 돌바닥을 벗어나 변두리의 흙길에서 부드러운 소리를 내기 시작하면 혼자 중얼거렸다.

"저 사람들은 내일이면 파리에 가 있을거야!"… 그녀는 파리 지도를 하나 샀다. 그리고 손가락 끝으로 지도 위를 더듬으며 거리를 돌아다녔다. 길모퉁이마다, 길과 길 사이에서 집을 나타내는 하얀 사각형 앞에서 걸음을 멈추면서, 그녀는 큰길을 거슬러 올라갔다. 나중엔 눈이 피로해서 눈을 감았다. 그러면 어둠 속에서 가스등 불빛이 바람에 흔들리는 모양이며, 극장 앞에서 커다란 소리를 내며 떨어지는 마차의 발판이 떠오르는 것이었다. …

그러나 마음 저 밑바닥에서는 뭔가 사건이 일어나기를 기다리고 있었다. 마치 난파선의 선원처럼 자기의 고독한 생활을 절망적인 눈으로 훑어보면서 아득히 먼 수평선의 짙은 안개 속에 흰 돛이 나타나지 않나 찾고 있었다.(1부 9장)

그녀에게는 그녀의 공허함을 이용해 자신들의 욕망을 채우려는 이들 뿐이었다. 그녀는 철저히 사탄에게 이용당하는 삶이 되어 버렸다. 로돌프는 오직 그녀의 육체를 탐한다. 비참한 것은 그녀를 사랑할 마음이 전혀 없으며, 그녀를 유혹하기 전부터 헤어질 준비를 하고 있다는 것이다.

로돌프 불랑제씨는 34살이었다. 그는 과격한 성격에 머리는 예민했고, 여자관계가 무척 많아서 그 방면에는 지식이 상당했다. 그는 보바리 부인을 대단한 미인이라고 생각했다. 그래서 그 여자에 관한 일, 그 남편에 관한 일을 생각했다.

'남편은 그다지 영리하지 않더군. 그 아내는 싫증나 있는 게 뻔해. 손톱도 더러웠고, 수염도 다듬지 않았던걸. 그자가 왕진 간 사이에 아내는 양말 따위를 깁고 있을 테지. 그러니 따분할 수밖에! 도시에 살고 싶을 거야. 매일 밤 폴카 춤이라도 추고 싶겠지! 가엾어라! 도마 위의 잉어가 물을 그리워하는 것처럼, 그 여자는 사랑을 동경하고 있을 거야. 틀림없어. 두어 마디 달콤한 말만 해주면, 틀림없이 넘어 온다! 무척 정이 깊겠어! 좋을 거야! 그런데 나중에 떼어 버릴 때는 어떻게 한다?'(2부 7장)

1949년 개봉된 영화 <마담 보바리>의 스틸 컷. 엠마 보바리와 첫 연인인 로돌프 불랑제 역을 맡은 제니퍼 존스와 루이 주르당.

로돌프는 그녀가 원하는 짜릿한 사랑의 환상을 미끼로 그녀를 유혹하며, 그녀는 자신이 소설 속의 진정한 여주인공이 되었다고 착각하게 된다.

"그것 보십시오! 그대롭니다" 하고 그는

침울한 목소리로 말했다. "오지 않는 편이 좋다고 생각한 것은 당연하지요. 왜냐하면, 내 마음을 가득 채우고 있어서 무심코 입에서 튀어나온 이름, 이 엠마라는 이름을 당신은 불러서는 안 된다고 하십니다! 보바리부인…… 이것은 누구나가 부르는 이름입니다. 그러나 그것은 당신 이름이 아닙니다. 다른 사람의 이름입니다!"

그는 다시 되풀이했다. "다른 사람 이름이지요!" 그리고 그는 두 손으로 자기 얼굴을 가렸다. "그렇습니다. 저는 당신만을 계속 생각하고 있습니다 … 당신을 생각하면 저는 도무지 견딜 수가 없습니다 … 용서하십시오 … 이것으로 작별하겠습니다 … 안녕히 계십시오 … 이제 다시는 당신이 나 같은 사람의 이야기를 들을 수 없는 먼 곳으로 가 버리겠습니다 … 그러나 … 오늘은 저 자신도 어쩐 일인지 알 수 없는 이상한 힘에 이끌려 당신 곁으로 왔습니다! 하늘에 거역할 수는 없으니까요. 천사의 미소에는 거역할 수 없으니까요! 아름다운 것, 매력 있는 것, 멋있는 것에 끌려가는 것이 인간인 것입니다."…

이때 그녀는 전에 읽었던 여러 가지 책의 여주인공들이 문득 생각났다. 이들 불륜의 사랑을 하는 여자들의 합창단은 마치 자매와도 같은 목소리로 그녀의 기억 속에서 노래를 부르기 시작했다. 그 목소리는 그녀를 황홀하게 했다. 엠마 자신도 환상의 한 부분이 되었다. 자신이 그토록 부러워한 사랑을 하는 여자의 틀 속에 자기를 발견함으로써, 그녀는 젊었을 때 언제나 그렸던 몽상을 이루고 있었다. (2부 9장)

로돌프와의 환상에서 비로소 나온 그녀는 레옹과 또 다른 환상으로 들어간다. 그러나 결국 어디서도 행복을 느낄 수 없었다.

그런데도! 그녀는 행복하지 않았다. 지금까지 한 번도 행복한 적이 없었다. 인생의 이 아쉬움은 대체 어디서 오는 걸까? 뜻했던 모든 것들이 눈 깜짝할 사이에 썩어 문드러지는 것은 왜일까? … 하지만, 만일 어딘가에 아름답고 씩씩한 사람이 있다면, 열정적이고 품위 있는 성격, 천사와 같은 시인의 마음, 하늘을 향해 애조 띤 축혼가를 켜는 청동 하프 같은 마음, 이런 것들을 지닌 사람이 있다면, 그런 사람과 우연한 기회에 만나지 말라는 법이 없지 않은가? 아! 다 틀렸다! 게다가 일부러 애쓰며 그런 것을 찾아봐야 무슨 소용 있는가! 모두 거짓이다! 어떠한 미소에도 권태의 하품이 숨어 있고, 어떤 환희에도 저주가 어떤 쾌락에도 혐오가 숨어 있다. 황홀한 키스조차 충족되지 못한 더 큰 쾌락의 욕망을 입술에 남긴다.(3부 6장)

우리 영혼의 공허함은 어디서 오는 것인가? 우리를 창조하신 하나님과의 영적 단절로부터 온다. 육체의 부모와 단절된 아이들이 정체성의 혼란과 정서적 불안과 두려움을 느끼듯 인간은 스스로 존재할 수 없는 피조물

1953년 움베르토 브루넬레스키가 그린 《보바리 부인》의 삽화.

이기에 하나님과의 영적 교제가 필요하다. 그것이 없다면 영혼의 공허함은 피할 수 없다. 그 공허함을 주님으로 채우지 못하면 결과적으로 보바리 부인과는 방식이 다를 수 있지만 반드시 불행과 파멸이 찾아온다. 성경도 이것을 경고한다. 우리가 하나님을 알지 못하면 각자의 방식으로 우상에게 이끌려 살아가게 된다.

'너희도 알거니와 너희가 이방인으로

마음의 공허함을 세상의 방식으로 채우려 하면 자연스럽게 자신을 방탕함에 방임하는 것이다. 이러한 삶은 사탄의 노예가 되고 결국 파멸을 맞이하게 된다. 물론 보바리 부인과는 다른 파멸일 수 있다. 그러나 우리가 예수 그리스도를 믿음으로 하나님과 교제하는 삶으로 나아가지 않는다면 영혼의 공허함은 우리 각자에게 해당하는 파멸로 몰고 갈 것이다. 보바리 부인이 곧 우리 자신일 수 있음을 꼭 기억하고, 예수 안에서 영혼의 공허함을 치유 받는 길을 택하는 현명한 사람으로 성숙해가자.

환상을 꿈꾸는 엠마 보바리,
만족하지 못하고 병들어가다(1부)

소설은 어느 학교에 새로 들어온 15세 쯤 되어 보이는 한 시골 아이를
소개하면서 시작한다.

> '우리는 자습실에 모여 있었다. 그 때 교장 선생이 평복을 입은 신입생
> 한 사람과 큰 책상을 등에 진 일꾼을 데리고 들어왔다.'

이 아이는 샤를르 보바리로 하급반으로 떨어지지 않을 정도의 평범한
학생이었다. 그의 아버지는 불미스럽게 퇴직한 군의관으로 하는 일마다
실패하고 이제 무위도식하는 사람이었다. 쾌활하고 명랑하던 그의 어머
니는 남편에 대한 분노를 참고 살았다. 그리고 오로지 아들의 성공을 꿈
꾸며 극성을 떨었고, 샤를르가 의사가 되기를 소망하며 결국 의사를 만들
었다. 또스뜨라는 시골 마을에 개업하고, 여자를 골라 결혼까지 시켰다.
샤를르 보바리의 아내는 사사건건 간섭하고, 의심이 많은 여자였다.

어느 날 그는 루오 노인이라는 다리가 부러진 환자를 급히 치료하기 위해 한 농장으로 가게 되었고, 그 노인의 딸 엠마에게 매력을 느낀다. 그녀는 아름다웠고, 미술과 음악에도 재능이 있었다. 얼마 후 샤를르의 아내가 갑자기 죽게 되었다. 자유로운 삶을 살던 그는 죽은 아내가 만나지 못하게 했던 엠마와 다시 만나게 되었다. 그는 그녀와 결혼하고 싶어졌고 엠마의 아버지도 농장에 도움이 되지 않는 딸이 시집가는 것이 좋았다. 엠마도 시골을 떠나서 새로운 삶을 살고 싶었기에 결혼은 성사되었다. 결혼식이 끝나고 샤를르와 엠마는 또스뜨로 돌아왔다. 엠마는 처음 며칠 동안 낡은 집을 꾸미는 일에 몰두했다. 새 벽지를 바르고, 층계를 칠하고, 분수가 있는 연못을 만들 생각도 했다. 남편은 아내의 산책을 위해 중고 마차도 구입했다. 결혼 이후 남편은 아무 걱정거리 없이 행복했다. 아름다운 여인을 자기 것으로 만든 것에 너무나 만족스러웠으며, 그녀와의 시간들이 마냥 행복하기만 했다. 그러나 엠마는 그와의 관계에서 당연히 생겨야 할 행복이 없었다. 그녀가 과거에 책에서 읽고 그토록 아름답다고 생각한 행복이나 정열이 느껴지지 않았다.

1885년 다니엘 모던트가 그린 《보바리 부인》의 삽화, '엠마와 샤를르 보바리'.

그녀는 어렸을 때 《뽈과 비르지니》라는 낭만 소설을 읽고 나무에 올라가 붉은 열매를 따준다든가 맨발로 모래 위를 달려가 새둥지를 갖다 주는 상냥한 오빠 같은 다정한 소년의 우정을 동경했다. 그녀는 13세에 수녀원에 들어갔는데, 신앙보다는 약혼, 남편, 하늘의 연인, 영원한 결합 등의 비유에서 기쁨을 느꼈다. 또한 사랑이야기를 담은 소설책에 빠져

지냈으며, 아득히 들판 저쪽에서 모자에 흰 깃털을 달고 검은 말을 타고 달려오는 기사를 기다리는 공주님처럼 살고 싶은 환상을 품었다. 그녀는 신앙과 거리가 멀어졌다. 꽃이 아름다워 교회를 사랑하고, 연애 가사 때문에 음악을 사랑하고, 정열의 자극 때문에 문학을 사랑했다. 그녀는 수녀원의 규율이 싫어져서 집으로 돌아왔다. 그러나 막상 돌아오니 시골 생활이 싫증나서 또 수도원이 그리워졌다. 그녀는 결혼 후 남편을 통해 자신의 환상이 이뤄질 것을 꿈꿨는데, 실제 결혼 후 느끼는 평범한 생활은 자신이 꿈꾸던 행복이 아니었다.

엠마는 그림도 그리고, 피아노도 치고, 손님들에게 진료비도 청구하고, 손님도 잘 치렀다. 남편은 그런 아내가 너무 자랑스러웠다. 그러나 그녀는 도시에 살며, 거리의 소음과 극장의 분위기와 무도회의 불빛을 느끼며 관능이 꽃피는 생활을 하고 싶었다. 그러던 어느 날 그녀는 남편에게 치료를 받은 한 후작의 집에 초대를 받게 되었다. 이탈리아풍의 저택에 화

려한 만찬, 무도회에서 귀족과 춤을 추는 시간은 그녀를 들뜨게 했다. 후작 저택의 방문은 엠마의 생활에 커다란 균열을 만들었고, 자신이 꿈꾸는 환상적인 삶에 대한 동경이 더욱 커지게 되었다. 이후 그녀는 귀족들에 대한 생각, 파리에 대한 환상에 몰두했다. 파리의 지도를 샀으며, 귀부인들의 잡지를 사서 읽었다. 그녀는 욕망의 환상 속에 빠져 들었다. 새로운 하녀를 고용해 자신에게 하는 말도 상류사회 식으로 가르쳤다. 그녀는 상류층 여

인들처럼 입었고, 편지지와 펜대와 봉투를 샀다. 자신의 모습을 거울에 비춰보고, 책을 꺼내 들곤 했다. 도시 여자들의 장식품을 샀다. 남편은 멋을 부리는 아내가 그냥 좋기만 했다. 병원도 잘 됐고, 건강도 좋았다. 그러나 엠마는 자기를 유명하게 만들어주지 못하는 남편, 야심도 없고 훈장 하나 없는 평범한 남편이 싫었다. 그녀의 마음에는 불만이 쌓여갔고, 마음속에 뭔가 자신의 삶을 바꿔줄 수 있는 사건이 일어나길 바라게 되었다. 그러나 아무 일도 일어나지 않았고, 그녀는 다른 사람을 부러워하며 신의 불공평을 증오했다. 그녀는 가정 일에 아예 관심을 끊었고 점점 신경질적인 사람으로 변해가고 있었다. 남편은 4년 동안 자리 잡은 병원을 뒤로 하고 용빌르라는 도시로 떠났다. 그 때 엠마는 임신중이었다.

결국 환상을 따라
불륜과 사치에 빠져드는 보바리 부인(2부)

용빌르는 작은 도시였고, 샤를르는 오메라는 약제사를 통해 병원을 개업하게 되었다. 오메는 자기 이익에 빠른 야심가였다. 그는 과거 무면허 의료행위를 하다가 당국의 조사를 받은 일도 있고 해서, 의사인 샤를르를 자기편으로 두고 이익을 챙기려고 그를 여기로 이주하도록 도왔던 것이다. 그 지역에는 뢰뢰라는 장사꾼도 있었는데, 그는 새로 이사 온 의사 부부에게 물건을 팔려고 접근했다. 하지만 보바리 부인은 뜻밖에도 공증인의 서기인 레옹이라는 젊은이와의 대화를 통해 그에게 빠져들었다. 그녀는 경치와 음악, 책에 대한 이야기가 통하는 그에게 큰 매력을 느꼈다. 그녀는 계속해서 자신의 환상을 만족시켜줄 대상을 찾고 있었는데, 그가 바로 레옹이라는 확신이 들었던 것이다. 엠마는 딸을 출산한 이후 그와 더 가까워졌다. 그도 그녀의 매력에 빠져들기는 마찬가지였다. 그러나 한편으로 그녀와의 관계가 매우 부담스러웠다. 그녀도 불륜으로 가는 것이 불편했고, 억지로나마 딸과 남편에게 충실하려고 노력해 보기도 했다. 그러나 그런 노력이 무색하게 그녀는 야위어 갔다. 그녀의 마음은 새로운 사랑에 대한 갈망과 남편에 대한 증오로 가득 차 점점 더 우울해졌다.

어느 날 그녀는 고백기도 종이 울리는 소리를 듣고, 자신의 괴로운 마음을 이야기하고 싶어 신부를 만난다. 그러나 신부는 대수롭지 않게 여겼으며, 그녀의 마음을 잘 읽지 못했다. 그녀는 집에 와서 쓰러져 버렸다. 결국 사랑이 성취되지 않는 것에 실망한 레옹은 공부를 하기 위해 떠났다. 레옹과의 환상에 대한 기대가 깨진 후 그녀에게는 다시 과거와 같은 지긋지긋한 나날이 시작되었다. 그녀는 허전한 마음을 채우기 위해 큰 도시 루앙에서 새로운 옷을 주문하고, 과거에는 물건 사기를 거절했던 뢰뢰에게서 화려한 물건을 사기 시작했다. 머리 모양을 계속 바꿨다. 하지만 그녀의 갈증은 채워지지 않았다. 가끔 발작이 일어났다. 핏기도 없어지고, 현기증도 일어났다. 샤를르의 어머니는 그녀를 방문하여 소설을 읽지 못

하게 했다. 신앙을 갖지 못한 사람은 좋지 않게 된다고 충고도 했다. 하지만 그녀의 마음은 더욱 병들어갔다.

1935년 에드가 샤힌이 그린 무슈 오메의 삽화.

용빌르에 장이 서는 날 로돌프 블랑제라는 한 멋진 신사가 하인의 병을 치료하러 병원에 오게 되었고, 보바리 부인은 그와 만나게 되었다. 여자 관계가 많았던 로돌프는 그녀에게 관심을 가졌고, 새로운 삶을 꿈꾸는 그녀의 마음

을 읽게 되었다. 그리고 곧 이 지역에서 열릴 농업 공진회에서 그녀를 자기 것으로 만들 계략을 꾸몄다. 환상을 실현시켜줄 사람을 찾고 있었던 그녀는 로돌프의 계략에 넘어가지 않을 수 없었다. 그는 그녀를 결혼하기 전 이름인 '엠마'라고 부르며 공진회를 통해 마음을 빼앗고, 6주 동안 나타나지 않으며 그녀를 애달프게 만들었다. 눈치가 없는 남편 샤를르는 건강을 위해 그녀가 로돌프와 함께 승마를 하도록 부추긴다. 그녀는 로돌프에게 완전히 빠졌다. 로돌프는 철저히 그녀의 육체를 탐하는 것뿐이었지만, 그녀는 자신이 책의 여주인공들처럼 환상의 한 부분이 되었다고 생각했다. 그녀는 자신이 그토록 부러워한 사랑을 하는 여자가 되었다고 착각했다. 그러나 그녀의 몸을 차지해 버린 로돌프는 서서히 마음이 변했다.

로돌프와 환상적인 쾌락을 누리는 동시에 보바리 부인은 남편에게도 소망을 걸어보려 했다. 남편이 유명한 의사가 되면 자신도 유명한 귀부인처럼 살아갈 수 있다고 생각했다. 그래서 약제사 오메의 추천으로 굽은 다리를 펴는 불가능한 수술을 하도록 남편을 설득했다. 약제사도 그녀도 자신들의 이익을 달성하기 위해 기술도 없는 의사를 부추겨 수술이 진

엠마와 샤를르는 카퓌생의 낡은 수도원이 있었던 용빌르로 이사했다.

행되었으나, 수술이 잘못되어 환자의 다리를 자르는 지경까지 이르게 되었다. 그녀는 남편의 무능에 실망하고, 수술을 부추겼던 약제사는 발뺌을 했다. 뢰뢰는 보바리 부인의 마음을 이용해 계속 물건을 강매하고 청구서 액수도 점점 커졌다. 그녀는 다시 로돌프와의 환상에 집착했다. 그녀에게 로돌프는 환상을 실현시켜 줄 왕자였다. 그녀는 결국 그에게 멀리 도망가서 살자고 매달린다. 바람둥이 로돌프는 당연한 반응을 보인다. 그는 핑계거리를 찾아 가식적인 편지를 쓰고 루앙이라는 도시로 혼자 도망가 버린다. 보바리 부인은 상실감에 병이 들어 자리에 눕게 되었다.

이제 보바리 부부에게 경제적인 문제가 심각하게 다가오기 시작한다. 약제사 오메에게서 약값을 비롯한 온갖 청구서가 날아들었다. 물론 가장 심각한 것은 뢰뢰가 교활하게 강매하는 물건들의 값이었다. 뢰뢰에게 진 빚은 어음이 되었고, 그 액수는 점점 커지기 시작했다. 엠마는 건강을 잃고 정신도 혼미해졌다. 그녀는 일시적으로 종교에 의지하여 경건서적을 읽고, 자선을 베푸는 일에도 열심을 다했다. 그러나 문제는 점점 커져갔다. 오메 씨는 이들 부부에게 공연을 보러 다녀올 것을 추천했다. 그러나 루앙으로 공연을 보러 간 부부는 레옹을 만나게 되었고, 남편은 아내에게 기분 전환을 하라고 그곳에 두고 혼자 돌아왔다.

결국 파멸에 이르고 마는 보바리 부인(3부)

자신의 허망한 마음을 채우고, 과거부터 꿈꾸었던 환상으로 이끌어 줄 대상을 찾고 있던 보바리 부인은 레옹과 불륜에 빠져들고 말았다. 그녀가 불륜의 시간을 뒤로 하고 집에 도착하자마자 오메씨가 급하게 찾는다는 소식을 듣고 그의 집으로 갔다. 그 곳에서는 독극물 비소를 찾는 소란이 벌어지고 있었다. 보바리 부인은 소란이 좀 진정되고 난 후 시아버지가 돌아가셨다는 소식을 듣게 되었다. 그러나 그녀에게 그 소식은 중요한 것이 아니었다. 그녀의 마음은 남편에게서 해방되고 싶다는 생각뿐이었다. 시어머니와 남편은 아버지를 애도하고 있었지만, 그녀는 레옹에 대한 생각에 빠져 있었다. 그 때 어김없이 뢰뢰가 찾아왔고, 유산 상속을 통해 돈을 받으려고 어음 이야기를 꺼냈다. 샤를르는 유산에 대한 법적 문제를 의논하기 위해 아내를 레옹에게 보내기로 마음먹었다. 그래서 보바리 부인은 더없이 즐겁고 멋진 3일 간의 밀월을 즐기게 되었다. 그녀는 밀회를 계속하기 위해 피아노를 배우겠다는 핑계로 레옹이 있는 루앙으로 매주 가게 되었고, 그들의 밀회는 더욱 깊어졌다. 두 사람은 목요일마다 만나 호텔에서 욕망을 불태웠다. 그와 욕정을 불태우는 동안 그녀는 모든 소설 속의 사랑하는 여인이었으며, 모든 희곡의 여주인공이었고, 모든 시집 속에 나오는 그녀였다. 만남이 지속되며 그녀는 계속 거짓말을 할 수 밖에 없었다. 그러나 마음 한편으로는 레옹에게 버림받을 수 있다는 불안감이 늘 엄습했다. 어느 날 두 사람이 호텔에서 나오다가 뢰뢰에게 들키고 말

았다. 그는 이것을 구실로 물건을 팔고, 막대한 금액을 청구해서 뜯어냈다. 보바리 부인은 빚에 쪼들리게 되었고, 신경 발작도 다시 시작되었다.

1857년 출간된 《보바리 부인》의 삽화, '엠마와 뢰뢰'.

그녀는 레옹에게 더욱 집착했다. 그에게 검은 색 옷을 입고, 루이 13세 같은 수염을 요구하고, 사랑의 시를 써 달라고 했다. 레옹은 이렇게 계

속 집착하는 그녀에게 지쳐갔다. 이제 자신을 매혹시키던 것들이 겁이 났다. 그는 결국 벗어나고 싶어졌다. 이제 그녀는 그를 사랑하는데도 행복하지 않았다. 동시에 경제적 압박은 점점 더 커졌다. 이제 집으로 차압이 들어올 상황까지 되었다. 엠마는 위기에서 벗어나려고 남편에게 시아버지의 유산을 독촉하고, 환자들의 집에 남편 몰래 청구서를 보내 돈을 마련하고, 물건을 팔아서 현금을 마련했다. 그러나 빚을 독촉하며 물건을 강매하는 뢰뢰 때문에 소비는 줄지 않았고 빚은 커졌다. 레옹은 만남을 끊지는 못했지만, 그의 어머니가 불륜 사실을 알고 경고했다. 그 자신도 앞으로 자신이 난처한 입장에 빠질 것이 걱정되었고, 그녀가 자기 앞에서 울기라도 하면 귀찮은 생각이 들었다. 이러던 중 그녀는 법적 조치에 대한 서류를 받았다. 24시간 안에 8천 프랑을 갚지 않으면 차압이 강제집행 된다는 경고장이었다.

그녀는 이리저리 돈을 빌리러 다녔다. 모두 거절당하자 레옹을 찾아갔다. 문제가 해결되지 않자 급한 마음에 공증인 기요맹씨를 찾아갔지만, 그

프랑스 북부 노르망디에서 태어난 플로베르의 생가. 현재는 박물관으로 사용하고 있다.

는 돈을 빌려주는 대신 그녀의 몸을 원했다. 그녀는 뛰쳐나왔다. 어디서도 돈을 구할 수 없게 되자 로돌프 생각이 났다. 그녀는 그를 찾아가 사랑을 고백하면서 다시 시작하자고 매달렸다. 그러나 돈 이야기를 들은 그는 매정하게 거절했다. 아무도 그녀를 돕지 않았다. 그녀는 너무 절망적이었다. 그녀는 약제사의 가게로 가 조제실에서 파란 병을 집어 하얀 가루를 입에 털어 넣었다. 비소였다. 그리고 집에 가서 물을 마시고 누웠다. 그 때부터 극심한 고통이 시작되었다. 엠마는 구토를 하고, 나중에는 피를 토

했다. 그녀는 고통에 소리 질렀다. 의사가 왔지만 소용없었다. 신부가 와서 종부성사를 했다. 그녀는 결국 죽고 말았다.

샤를르는 심각한 충격을 받았다. 약제사 오메씨는 죽은 보바리 부인이 비소를 먹은 것에 대한 진상을 감추기 위해 바닐라 크림을 만들다가 비소를 설탕으로 잘못 알고 먹은 것이라고 거짓말을 했다. 아내에 대한 진상을 잘 알지 못하는 샤를르는 최선을 다해 장례를 치렀다. 사랑하는 마음으로 아내의 머리카락을 잘라 간직했다. 그는 스스로 신앙심을 돋우며 그녀를 다시 만날 수 있다는 희망을 가지려 노력했다. 보바리 부인의 아버지 루오 노인은 딸의 시신을 보고 졸도했다. 그녀가 묻힐 때 남편 샤를르는 같이 묻히겠다고 소란을 피우기도 했다. 그렇게 장례식이 끝났다. 샤를르는 다음 날 딸을 데려왔다. 아이는 엄마를 찾았다. 이 와중에 보바리 부인의 빚 때문에 주변 사람들은 돈을 받으려 모여 시비가 벌어졌다. 그는 많은 돈을 지불할 약속을 하고 말았다. 주변 사람들이 모두 그에게 돈을 뜯어내려 혈안이었다. 그가 돈을 갚고 나면 또 다른 청구서가 날아들었다. 어느 날 그는 다락방에 갔다가 로돌프가 자기 아내에게 보낸 편지도 보게 되며 비참해졌다. 그는 모든 것을 팔아야 했다. 딸 베르뜨는 너무나 초라한 옷을 입는 비참한 상황이 되었다.

보바리 부인은 죽었지만 주변 사람들은 그녀가 죽기 전에도 그녀가 죽은 후에도 자신의 이익을 위해 부지런히 움직였다. 약제사 오메는 자신이 판매한 고약이 효과가 없다고 소문을 내는 장님을 감옥에 넣는데 성공했다. 교묘하게 언론을 이용해 소송에서 이긴 것이었다. 그는 언론을 장악한 데 이어 책도 출판했다. 그리고 사회, 교육, 철도 등의 문제에도 관심을 가졌다. 보바리 부인의 무덤과 묘비에 대한 아이디어도 채택되어 주변 사람들에게 좋은 여론을 얻었다. 약제사 오메는 이런 저런 활동으로 이름을 내고, 국왕에게 탄원서도 보내며 결국 훈장을 받았다. 그러나 샤를르는 도저히 빚을 갚을 수 없었고, 점점 폐인이 되어 갔다. 그는 얼마 안 가 쓰러져 죽었다. 남은 몇 푼 안되는 돈은 딸 베르뜨가 할머니에게로 가는 여비가 되었다. 그러나 할머니도 같은 해에 죽었다. 루오 노인은 중풍을 앓고 있어서, 불쌍한 베르뜨는 고모가 데려갔다. 고모는 생활비를 마련하기 위

해 그 아이를 면사 공장에 보내게 된다. 소설의 마지막 장면은 보바리 부인의 파멸과 가족들 모두의 불행을 묘사하고, 약제사 오메가 훈장을 받았다는 이야기로 마무리된다.

외젠 지로가 1856년경 유화로 그린 귀스타브 플로베르의 초상화.

'오메는 엄청나게 많은 단골손님을 가지고 있다. 당국에서도 그를 높이 보고 있으며, 여론도 그를 옹호하고 있다. 그리고 그는 레종 도뇌르 훈장을 받았다.'

　교활한 약제사 오메가 훈장을 받은 일은 보바리 부인의 어리석음을 더욱 씁쓸하게 드러내고 있다.

06장

죄 를 통 해 나 타 나 는
모 든 문 제 에 대 한 성 찰

나다니엘 호손《주홍글씨》

(번역본 : 김병철 역, 동서문화사)

'세일럼 마녀 재판' 판사의 후손

나다니엘 호손(Nathaniel Hawthorne, 1804~1864)

미국 문학의 선구자로 알려진 작가 나다니엘 호손은 대표작《주홍글씨》의 배경이 되는 미국 북동부 매사추세츠 주에서 태어났다. 매사추세츠는 17세기부터 영국 청교도(Puritans)들이 국교회보다 더 경건하고 엄격

1860-1864년경 나다나엘 호손의 초상화.

한 신앙을 꿈꾸며 신앙의 자유를 찾아 이주하여 정착한 곳이었다. 그들은 유명한 존 윈스럽의 지도하에 소위 '언덕 위의 도시'(마태복음 5:14절의 산 위에 있는 동네)를 꿈꾸었다. 그들은 의무적인 교회출석과 도박, 신성모독, 성적 방종, 과도한 음주를 금지하는 법안을 만들었다. 나다니엘 호손은 바로 이러한 청교도들의 후손으로 엄격한 신앙교육을 받고 자랐으며, 매사추세츠 주 바로 위 뉴햄프셔 주에서 생을 마감했다. 그

는 누가 뭐래도 정통 청교도 신앙의 후예인 셈이다. 게다가 14대 미국 대통령 프랭클린 피어스의 대학 친구였던 인연으로 영국에서 외교관 생활도 했으니 청교도 사회의 역사적 배경까지도 너무나 잘 아는 인물이었다.

　여기에 호손이 이 작품을 쓸 수밖에 없었던 결정적인 역사적 배경이 있다.《주홍글씨》의 배경이 되는 매사추세츠 주 보스턴에서 북쪽으로 세일럼이라는 항구도시가 있다. 이곳은 호손이 태어난 곳으로, 청교도 사회의 어두운 면을 보여주는 소위 '세일럼 마녀재판(Salem witch trials)' 사건이 있었던 곳이다. 기원을 거슬러 올라가 보자. 17세기 후반으로 가면서 청교도 도시들은 많은 인구가 유입되면서 세속화되기 시작했다. 급격한 사회 변화에 경건한 신앙인들과 종교지도자들은 큰 위기의식을 느끼게 되었다. 유명한 역사가였던 코튼 매더(Cotton Mather, 1663~1728) 목사를 중심으로 종교 지도자들은 최후의 심판을 강조하며 세속화를 막으려 애썼다. 그러나 안타깝게도 이러한 위기의식은 중세 말기 유럽에서 유행했던 마녀사냥의 형태로 나타났고, 가장 유명한 사건이 바로 '세일럼 마녀재판'이었다. 원주민 노파를 시작으로 185명의 여성들이 체포되어 19명이 처형되는 등 총 25명이 죽임을 당한 비참한 사건이다. 중요한 것은 이 재판에 참여했던 7명의 특별재판관 중 한 명이 나다니엘 호손의 고조부 존 호손이었다는 점이다. 호손은 이 사건을 '우리 역사에서 기록하기 가장 부끄러운 치욕적인 사건'이라고 회고했다. 그가 청교도 신앙 자체를 부

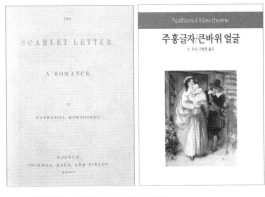

1850년 발행된 《주홍글씨》초판의 표제지.
《주홍글씨》(김병철 역, 2012년, 동서문화사)

정하는 것은 아니었지만, 박해를 피해 경건한 신앙을 추구하며 모인 이들이 무고한 사람을 죽일 수도 있었다는 점은 고독하며 음울한 성격의 작가에게 깊은 성찰의 계기가 되었고, 결국《주홍글씨》라는 대작을 만들어냈다.

뉴잉글랜드, 보스턴, 청교도 사회

뉴잉글랜드는 명칭 그대로 영국계 청교도들이 새롭게 정착해 살아온 지역으로 미국 동북부의 메인, 뉴햄프셔, 버몬트, 매사추세츠, 코네티컷, 로드아일랜드 등 6개주를 통칭한다. 이 지역을 이해하기 위해서 미식축구팀 '뉴잉글랜드 패트리어트'를 기억하면 좋을 것이다. 이 팀은 매사추세츠주 보스턴을 연고지로 창단되었으나, 지금은 6개 주 모두를 연고지로 하고 있는 미식축구팀이다. 이 팀을 통해 뉴잉글랜드 6개 주가 역사와 전통을 공유하는 면이 있다는 것, 같은 정체성으로 묶일 수 있다는 것을 짐작할 수 있다.

미국 메사추세츠주 보스턴을 연고로 하는 미식축구팀 '뉴잉글랜드 패트리어트'.

뉴잉글랜드의 중심 도시는 단연 매사추세츠주 보스턴이다. 이곳은 가장 먼저 청교도들이 정착한 곳인 플리머스 다음으로 밀려드는 이주민들을 정착시키기 위해 만들었던 도시로, 미국 내에서는 가장 오랜 역사와 전통을 자랑한다. 호손의《주홍글씨》가 발표되던 19세기 중반까지는 미국 문화 경제의 중심지였고, 《주홍글씨》의 역사적 배경인 1650년경에 이미 가장 많은 이민자들이 모인 최대의 도시였다. 보스턴은 청교도들이 모인 정통 청교도 사회였고, 엄격한 기독교 신앙을 강조하는 법으로 통제되던 사회였다.

청교도는 종교개혁의 바람이 강하게 불던 16~17세기 칼빈의 영향을 받은 영국의 개혁파 신자들을 의미한다. 이들은 박해를 피해 네덜란드로 이주했고, 17세기에 본격적으로 미국 뉴잉글랜드로 이주했다. 뉴잉글랜드와 미국 청교도 사회를 이해하기 위해서는 청교도 혁명(1642~1649)을 알아두어야 한다. 1620년 그 유명한 메이플라워호가 102명의 청교도들을 영국에서 매사추세츠주로 수송한 이후 지속적으로 청교도들이 뉴잉글랜드로 이주한 것은 바로 청교도 혁명의 분위기와 관련되어 있다. 청교도 혁명은 제임스 1세에 이어 영국의 왕이 된 찰스 1세가 국교회 신앙을 강조하며 청교도들을 탄압하는데 맞서 청교도들이 의회파와 연합하여 왕정을 폐지하고 공화정을 수립한 사건이다. 사실 헨리 8세에 의한 16세기 영국의 종교개혁은 정치적 성향이 강했고, 종교개혁자들이 주장하는 성경적 개혁과는 거리가 멀었다. 근본적으로 성경으로 돌아가자는 종교개혁 정신이 크게 반영되지 않은 부족한 개혁이었던 것이다. 따라서 칼빈의 사상에 영향을 받아 더 근본적인 개혁을 원하던 청교도들은 불만을 가졌고, 뉴잉글랜드 지역으로 이주하게 되었던 것이다. 그들은 당연히 신앙적으로 개혁된 사회를 염원했고, 그렇게 형성된 뉴잉글랜드는 종교적으로 매우 엄격한 신앙을 강조하는 분위기를 띄게 된 것이다. 《주홍글씨》는 이렇게 형성된 1650년 경 뉴잉글랜드 보스턴의 청교도 사회에서 일어난 한 간음 사건을 배경으로 청교도 사회의 문제, 나아가 더 근본적으로 죄가 만들어내는 다양한 인간 내면의 문제를 깊이 다루고 있다.

엄격한 신앙적 분위기 속에 발생한
죄가 만들어내는 파급 효과

이제는 '한 번의 잘못에 부여되는 낙인'이라는 의미로 온 세계가 공통적으로 사용하는 보통명사가 된 주홍글씨. 일반적으로 간음한 한 여인을 사회적으로 낙인찍어 매장시키는 이야기로 알려져 있다. 주인공 헤스터 프린은 뉴잉글랜드 보스턴에 먼저 도착하여 남편을 기다린다. 하지만 남편이 2년 동안 돌아오지 않는 상황에서, 누군가의 아이를 낳게 되어 간음으로 재판을 받는다. 그리고 가슴에 주홍글씨가 새겨진 옷을 평생 입고 살아가라는 판결을 받는다. 재봉사였던 그녀는 감옥에서 간음을 뜻하는 주홍색 글자 A(Adultery의 약자)를 스스로 수놓고, 그 옷을 입고 딸을 안은 채 처형대에서 몇 시간 동안 모든 사람들의 모욕을 받는다. 이후 평생을 주홍글씨가 새겨진 그 옷을 입고 사람들의 조롱을 받으며 살아간다.

여기까지는 한 여인이 죄 많은 사람으로 낙인찍혀 수치스럽게 살아가

1861년 휴그 멀이 그린 유화 <주홍글씨>.

는 이야기로 소설의 일부분이자 이 작품이 묘사하는 죄의 수많은 파급효과들의 원인일 뿐이다. 이 소설은 경건한 분위기의 공동체가 죄에 대해 어떤 잘못된 태도를 취할 수 있는지, 죄로 낙인 찍힌 사람이 어떻게 사회에서 점점 인정을 받고 회복되는지, 드러나지 않는 죄가 얼마나 사람의 영혼을 괴롭게 하며 인생을 파멸로 이끄는지, 드러난 죄로 인한 배신감은

또 어떻게 복수심으로 전환되어 인생을 망치는지, 이 작품은 죄가 만들어 내는 수많은 파급효과들을 깊이 성찰해 볼 수 있는 매우 소중한 작품이다. 역사적으로 주홍글씨는 페미니스트들과 성소수자들에게 사랑을 받는 의미 있는 작품이 되었다. 하지만 그들을 옹호하는 작품이라기보다는 죄를 경계해야 하는 사회, 죄를 감추고 살아가는 수많은 위선자들, 죄로 인해 복수를 꿈꾸는 자들을 포함한 모든 인류에게 '죄'에 대한 깊은 성찰을 주는 우리 모두를 위한 작품이다.

주홍글씨를 극복하는 비결은
그 이후의 삶이다

주인공이자 간음한 여인으로 낙인찍혀 살아가는 헤스터 프린. 그녀는 주
홍글씨 A가 새겨진 옷을 입고 많은 사람들 앞에서 수치와 모욕을 당한다.
그리고 주홍글씨보다 더 감추기 어려운 간음의 증거인 딸을 안고 있다.

이 젊은 여인은-그 아기의 어머니였지만 - 군중 앞에 완전히 모습을 나
타낸 순간, 충격으로 아기를 힘차게 가슴에 끌어안는 것같이 보였다. 어
머니로서의 애정에서 나오는 충동이라기보다는 옷에 수놓았거나, 꿰매
붙인 무슨 표시를 감추기 위함인 것 같았다. 그러나 다음 순간, 그 치욕
을 감춰 봤자, 또 하나의 치욕의 증거인 아이는 감출 수 없음을 깨달았
던지 다시 아이를 팔에 안은 여인은 볼을 빨갛게 붉히면서도 오만한 미
소를 띠며, 부끄러워하는 기색도 없이 거리의 사람들과 모여선 군중들
을 둘러보았다. 여인의 웃옷 가슴에는 깨끗한 빨간 천에 금실로 정교하
게 수를 놓아 꼼꼼한 무늬로 가를 두른 A자(주홍 글씨 A는 간통(Adultery)을 뜻
한다)가 붙어 있었다.(2장)

그녀는 감옥에서의 형기를 마친 이후에도 평생 주홍글씨가 새겨진 옷을 입고, 자신의 죄에 대한 사회적 지탄과 딸을 통해서 느끼는 자괴감을 온 몸으로 받아내며 살아간다. 그녀가 죄를 지은 것은 사실이지만, 사회가 그에게 부여하는 형벌의 무게는 가혹하고 무겁다. 또한 그 형벌의 방법은 사람을 회복시키는 방법도 아니었다. 이런 방식의 형벌은 일반적으로 형벌의 대상을 파괴한다. 그 형벌이 경고가 되어 주변 사람들을 교화시키기보다 비난과 증오의 감정을 합법적으로 표출할 수 있는 표적을 제공해 줄 뿐이다.

하지만 이런 절망적인 상황에서 그녀의 삶을 반전시킬 기회가 온다. 그녀는 자신과 딸의 생계를 위해 재봉 일을 시작한다. 온갖 모욕과 비난으로 지금이라도 당장 쓰러질 것 같았지만 묵묵히 재봉 일을 하며 자신의 삶을 살아낸다.

여자들은 대개 남자들은 이해할 수 없는 기쁨을 섬세한 바느질을 통해 발견하는 것이다. 헤스터 프린에게 있어 바느질은 인생에 대한 정열을 발산시키는 전부였으며, 그렇게 하는 것이 그 정열을 진정시키는 방법이 되었는지도 모른다. … 이렇게 하여 헤스터 프린은 세상에 이바지할 수 있는 역할을 맡게 되었다. 타고난 성격이 격한데다 뛰어난 기술을 몸에

1915년 휴 톰슨이 그린 《주홍글씨》의 삽화, '헤스터가 숲에서 딤즈데일을 만나는 장면'.

지니고 있었으므로 여인의 가슴 위에 이마에 찍힌 가인의 낙인보다도 더 참기 어려운 표시를 달아 준 세상도, 이 여자를 완전히 고립시킬 수는 없었다.(4장)

그녀는 자신의 재능인 재봉 일을 하면서 얻은 수입으로 가난한 사람들을 돕기 시작한다. 그녀는 그 일을 통해 사람들에게 꼭 필요한 사람이 되었다. 물론 사람들은 계속 그녀를 비난하고 무시했지만, 한편으로 그녀의 재능을 필요로 했으며 또한 그녀의 선행으로 그녀에 대한 인식에 변화가 일어나기 시작했다. 사람들은 주홍글씨 A를 간음(Adultery)으로 이해하지 않고, 유능하다(Able)는 의미로 이해할 정도였다. 급기야 상처 받고 아파하는 여인들이 그녀를 찾아오기 시작한다. 7년 정도가 지나자 정말 많은 변화가 생겼다. 물론 여전히 그녀를 가십거리로 생각하는 이들이 있었던 것도 사실이다. 하지만 헤스터는 금전적으로나 심정적으로나 타인들을 돕는 여유가 생겼으며, 타인들의 비난을 이겨낼 힘도 생겼다. 무엇보다 자신을 이러한 시련으로 몰아넣고 여전히 자신의 성직을 감당하며 양심의 고통을 받아 죽어가는 딤즈데일 목사를 도우려는 마음까지 갖게 된다. 그녀는 마치 수도원에서 타인들을 위해 자선을 베푸는 성인과 같은 사람으로 인식되기 시작한다.

《주홍글씨》 삽화 중 딤즈데일 목사.

게다가 헤스터가 남처럼 공기를 마시고 착실히 삯바느질로 펄과 자기를 위한 생활비를 버는 일 이외에는 세상의 권리를 누리겠다는 주장을 손톱만큼도 한 일이 없을 뿐더러 남을 위해 할 일이 생기면 자기도 똑같은 사람이라는 것을 인식하고 노력을 아끼지 않았다는 일도 세상에 알려졌다. 매일 문 앞에 갖다놓는 음식이나 왕후 귀족의 옷에 수를 놓을 만한 솜씨로 일부러 만든 옷가지를 받는 대가로 악담을 퍼붓는 배은망덕한 빈민들이 있었음에도 불구하고 곤란한 사람이 부탁하면 얼마 안 되는 돈이라도 기꺼이 내주는 사람은 헤스터 밖에는 없었다. 이 거리에 질병이 만연했을 때에도 헤스터만큼 헌신적인 사람은 없었다. 사실 사회 전체의 경우이건, 개인의 경우이건, 참변이 있을 때는 언제나 이 사회에서 버림받은 이 여인이 그 자리에서 자기가 할 일을 즉시 찾아내는 것이었다. 걱정스러운 일로 침울해 있는 집을 찾아갈 때는 손님이라기보다도 당연한 권리를 가진 가족의 한 사람으로서 행세했으며, 그 집의 침울한 빛 속에 같은 인간으로서 교제할 자격이 생기는 세계가 있는 것 같았다. 거기서는 수놓은 글씨가 빛났으며, 이 세상의 빛 같지 않은 그 빛에는 위안이 담겨 있었다.

다른 곳에선 죄의 표시였던 그 글씨가 여기서는 병자의 방을 환히 비쳐 주는 촛불이었다. 그것은 병자가 숨을 거두려고 할 때 현세의 경계를 넘어 저승까지 그 빛을 보내 주기도 했다. 또 이 세상의 빛이 흐려져 가고, 내세의 빛은 아직 비치지 않았을 때에 발을 내디딜 곳을 일러주는 촛불이기도 했다. 이렇게 위급할 때에는 헤스터의 성질이 포근함을 발휘하여 모든 진실된 요구를 들어 줬을 뿐만 아니라, 아무리 큰 요구에도 무궁무진하게 받아들여지는 인간적인 인정의 샘처럼 처신했다. 치욕의 표시가 붙은 가슴이 베개를 찾는 사람에게는 더할 수 없이 푹신한 베개가 되었다.

헤스터는, 사회나 본인이 다 이런 결과가 되리라고는 예상치도 않았건만, 자진해서《자선의 수도녀》가 되었다. 아니, 어느 틈엔지 사회의 근심어린 손길이 그녀를 이런 직분에 임명하였다고 말하는 편이 옳을지도 모른다. 주홍글씨는 그녀의 천직을 상징하는 것이었다. 헤스터는 필요한 존재였고, 일을 하는 힘이나 동정심을 발휘하는 힘에도 결함이 없었으므로 많은 사람은 주홍 글씨의 A자를 본래의 뜻으로 해석하려 들지 않고, 그것이 《유능(Able)》이란 뜻이라고 했다.

　헤스터 프린의 여자다운 힘은 이 정도로 강했던 것이다. … 헤스터의 이런 선행이 미치는 영향을 보스턴 지배자나 학자와 현인들이 인정한 것은 일반 대중에 비해 훨씬 더뎠다. 모든 인간이 일반적으로 지니고 있는 편견이 이들의 경우에는 논리라는 쇠틀 속에 갇혀 있었으므로 그것을 쫓아내기가 일반인보다 훨씬 힘이 들었던 것이다. 그러나 날이 갈수록 그들의 찌푸린 주름살이 펴졌으므로 몇 년 안에는 자비로운 표정으로 바뀔 것 같았다.

1881년 조지 헨리 보턴이 유화로 그린 《주홍글씨》삽화, '헤스터 프린'.

높은 지위에서 공중도덕의 수호자가 되어야 하는, 신분이 훌륭한 사람들의 동태는 이러했다. 한편 일반 개개인들은 헤스터 프린의 여자로서의 약점을 깨끗이 용서하고 있었다. 아니 그뿐 아니라 주홍글씨를 헤스터가 오랜 동안 괴로운 마음으로 감수한 죄의 표시가 아니라 그 후 쌓아 온 수많은 선행의 표시라고까지 보게 되었다. "저 수놓은 표시를 단 여자가 보이잖아요?" 사람들은 다른 곳에서 온 사람들에게 말했다. "저 사람이 바로 우리 헤스터, 이 거리의 헤스터랍니다. 가난한 사람에겐 친절하고, 병든 사람에겐 힘이 되어주고, 괴로워하는 사람에겐 위안을 주는 헤스터랍니다!"(13장)

헤스터 프린은 비록 일시적인 유혹으로 죄를 범했고, 그 죄의 결과로 말로 표현할 수 없는 상처를 입었지만, 자신을 향한 낙인을 전혀 다른 의미로 해석하게 만드는 진정한 승리자였다. 그녀에게 아이를 임신시키고 양심의 가책을 느끼면서도 용기있게 죄를 고백하지 못한 딤즈데일이나 아내가 간음한 것에 대한 상처로 인생을 복수에 바쳤던 칠링워드는 불행하게 살다가 불행하게 죽은 반면, 소설의 마지막은 헤스터 프린을 최후 승리자로 묘사하고 있다. 그녀는 주홍글씨가 새겨진 옷을 벗지 않았지만, 아무도 그녀의 주홍글씨를 비난하지 않았으며 그녀는 자신의 죄를 참회하는 마음으로 많은 사람을 살리는 삶을 살게 되었다. 그럴 일이 없었으면 좋겠지만 우리도 때로 누군가에게 큰 오해를 받고 낙인 찍히는 상황을 접하게 될 때가 있다.

여기 주홍글씨의 헤스터 프린은 우리가 가야할 길을 보여준다. 낙인이 자신의 삶을 파괴하도록 방치하지 말라고, 오히려 미래를 개척하고 아름답게 변화시킬 수 있다고 헤스터 프린은 우리를 격려한다. 요한복음에 등장하는 간음한 여인을 예수님은 용서하셨다. 아마도 그녀에게 부여된 낙인은 사라지지 않았을 것이다. 문득 그녀가 예수님께 용서 받은 이후 어떤 삶을 살았을지 너무나 궁금해진다. 헤스터 프린과 같은 진정한 승리자의 삶이었길 상상해본다.

그러나 헤스터 프린에게는 펄이 가정을 이루고 있는 미지의 나라보다도 이 뉴잉글랜드에 진정한 생활이 있었다. 이곳에는 범한 죄와 슬픔이 있었다. 참회도 아직 남아

1878년 보스턴에서 발행된 《주홍글씨》의 삽화, '칠링워드와 딤즈데일'.

있었다. 그러므로 헤스터는 되돌아온 것이며, 누구의 권유에 접한 일도 없이 ─ 그 무쇠처럼 냉혹한 시대의 귀신과 같았던 관리들도 그와 같은 일을 강요하지는 못했다 ─ 지금까지 말해 온 암담한 이야기의 상징을 다시 가슴에 단 것이다. 그것은 다신 가슴을 떠나는 일이 없었다. 그러나 괴롭고, 사색에 몰두하는, 헌신적인 만년의 세월이 흐르는 동안 주홍 글씨는 세상 사람들의 모욕과 비난을 자아내는 낙인이 아니라, 뭔가 눈물겨운 두려움과 존경어린 눈으로 쳐다보이는 상징으로 변했다.

게다가 헤스터 프린은 이기적인 목적이 없었고, 사리사욕을 위해 생활하는 일도 전혀 없었으므로 사람들은 슬픈 일이나 난처한 일을 의논해 왔으며, 스스로 난관을 돌파한 일이 있는 경험자로서의 조언을 원했다. 특히 여자들은 사랑에 상처를 입었을 때, 헛된 사랑으로 끝났을 때, 상대가 매정하게 돌아섰거나 상대방을 잘못 봤을 때, 길을 잘못 디뎌 죄악을 범하는 등 세상에 흔히 있는 시련이 닥쳐왔을 때, 아무도 찾아 주는 사람이 없어서 마음을 의지할 데가 없거나 외롭고 답답해서 견딜 수 없을 때에 헤스터의 오두막을 찾아와서는 자기들이 불행해진 이유를 말해 달라고 하거나 어떻게 했으면 좋겠느냐고 물어보는 것이었다!

헤스터는 힘이 자라는 데까지 위로도 하고 충고도 해줬다. 또 언젠가는 좀 더 밝은 시대가 되어 세상의 기운이 무르익어 하느님의 뜻대로 살 수 있는 시절이 오면, 남녀 간의 관계는 서로의 행복이라는 새로운 진리로, 지금까지보다 확고한 기반 위에 구축되리라는 굳은 신념에 대해서도 확실히 말해 주었다.(24장)

감추어진 죄는 사라지지 않고
인간을 철저하게 파괴한다

소설이 시작될 때 주홍글씨를 가슴에 단 헤스터 프린은 모든 죄를 혼자 뒤집어쓰고 형벌을 당한다. 반대로 간음의 상대자였던 딤즈데일은 아무 문제가 없이 종교지도자로 승승장구하는 것처럼 보인다. 적어도 겉으로 볼 때는 소설이 거의 끝나갈 때까지 그는 신임 총독이 부임하는 뉴잉글랜드 최대의 행사에 설교를 맡을 정도로 존경과 명예를 누린다. 반면 헤스터는 주홍글씨를 달고 딸과 함께 힘겨운 인생을 살아간다. 하지만 아무도 딤즈데일의 죄를 모른다 할지라도 그의 삶은 철저히 파괴되어 간다. 감추어진 죄가 사라지는가? 아무도 모르면 그것으로 끝인가? 우리는 때로 그렇게 속단하고 죄를 감추고 죄악과 위선을 두르고 살아가는 사람들을 보며 나도 저렇게 살아야 하는 것 아닌가 하는 생각도 한다. 시편 73편 기자는 악인의 형통함을 보며 신앙을 버리고 나락으로 떨어질 뻔한 경험을 고백한다.

'나는 거의 넘어질 뻔하였고 나의 걸음이 미끄러질 뻔하였으니 이는 내가 악인의 형통함을 보고 오만한 자를 질투하였음이로다'(시 73:2~3)

소설의 또 다른 주인공 딤즈데일 목사는 죄를 감추고 살아가는 사람이 얼마나 큰 고통을 당하는지 분명히 보여준다. 그것은 바로 하나님께서 인간의 마음에 새겨주신 양심 때문이다. 윤동주는 '죽는 날까지 하늘을 우러러 한 점 부끄럼이 없기를 잎새에 이는 바람에도 나는 괴로워했다'고 노래했다. 윤동주만 그랬겠는가? 정신이 완전히 망가져버린 사람이 아닌 이상 하나님의 형상으로 창조된 인간의 양심은 감추어진 죄로 인해 큰 괴로움과 절망감을 느끼며, 우리의 위선에 대한 신의 심판을 두려워하게 만든다. 작가 호손은 여주인공 헤스터 프린을 묘사한 분량만큼 딤즈데일의 양심의 고통을 자세하게 묘사한다. 그는 죄를 고백했을 때 생길 많은 문제들을 두려워하며 위선적으로 살아가는데, 그 감추어진 죄는 그의 영혼을 좀 먹고 건강을 악화시키며 정신적인 분열 상태에 이르게 한다.

딤즈데일 목사의 건강 상태는 눈에 띄게 쇠약해졌다. 평상시의 목사를 잘 알고 있는 사람들의 말에 의하면, 젊은 목사의 볼이 창백해지는 것은 그가 지나치게 연구에 몰두하고 교구의 일을 너무 양심적으로 처리하는 데다 특히 거친 세파의 습성으로 인해 정신적 등불이 흐려지거나 꺼지지 않도록 자주 단식이라든가 철야 기도를 실행하기 때문이라는 것이었다. 만약 딤즈데일 씨가 죽게 된다면, 그것은 이 세상이 그의 발에 밟힐 자격조차 없다는 것을 충분히 설명하는 것이라고 말하는 자도 있었다. 이에 대하여 본인은 아주 겸손한 태도로, 이 세상을 떠나는 것이 하느님의 뜻이라면 그것은 자기가 지상에서 조그만 사명조차 이행할 자격이 없기 때문이라는 신념을 피력했었다. 목사의 쇠약한 원인에 대해서는 이처럼 의견이 구구했지만 쇠약하다는 사실만은 의심할 여지가 없었다. 그의 몸은 몹시 수척했었다. 목소리는 아직도 쟁쟁하고 부드러웠으나 어딘지 모르게 쇠약해진 것 같은 불길함이 있었다. 사소한 일에도 잘 놀라며, 뭔가 갑작스런 일이 일어나면 별안간 얼굴을 붉으락푸르락하며 고통스러운 듯 가슴에 손을 얹는 모습을 볼

1995년 상영된 영화 <주홍글씨>의 스틸 컷. 헤스터 프린과 딤즈데일 역을 맡은 게리 올드먼과 데미 무어.

그의 건강은 점점 악화되었으며, 그의 양심은 그에게 심각한 고통을 안겼다. 헤스터는 딤즈데일을 만나 위로하고 새로운 삶을 살도록 격려하였다. 그는 잠시 위로를 받기로 하고 평안과 기쁨을 느끼기도 했지만, 그는 자신의 상태를 헤스터에게 고백했다. 그는 많은 사람의 존경과 신뢰를 받았고 점점 더 높은 지위와 명성을 누리게 되었지만, 아무 위로가 되지 않았으며 점점 불행해질 뿐이었다. 그는 오히려 모든 죄가 드러나 죗값을 넘치게 치른 헤스터를 부러워했다. 그는 7년 동안 복수심에 불타는 칠링워드에 의해, 또한 자신을 존경하는 사람들의 시선에 의해, 더불어 자신의 양심에 의해, 감추어진 죄가 자신을 얼마나 비참하게 하는지 경험하는 생활을 지속하고 있었던 것이다.

"점점 비참해질 뿐이오, 헤스터! 그 때문에 더 비참해질 뿐이오!" 목사는 쓰디쓰게 웃었다. "나는 훌륭한 일을 하고 있는 것처럼 보이지만, 아무 신념이 없이 일하고 있는 것이오. 그런 것은 환상에 지나지 않을 뿐이오. 나처럼 타락한 영혼이 다른 사람의 영혼을 구제하기 위해 무엇을 할 수 있겠소? 더럽혀진 영혼이 다른 사람의 영혼을 어찌 깨끗하게 할 수 있단 말이오. 사람들이 나를 존경한다지만, 차라리 그것이 경멸과 증오가 되기를 원하는 바요. 나는 설교단 위에 서지 않을 수 없고, 마치 내 얼굴에서 천국의 빛이라도 비쳐오는 것처럼 올려다보는 많은 사람들의 눈을 대하여야 하오! 또 교인들이 진리를 갈망하여 마치 오순절의 하느님 말씀이나 되는 것처럼 나의 말에 귀를 기울이고 있는 것을 바라보아야만 하오! 그런데 사람들이 동경하고 있는 자신의 마음속을 들여다보면 검은 실체가 싫어도 눈에 들어오게 마련이라오. 당신은 이것을 위안이라

1995년 상영된 영화 <주홍글씨>의 스틸 컷. 아서 딤즈데일 역을 맡은 게리 올드먼.

고 할 수 있겠소, 헤스터? 표면적인 나와 내면적인 나를 비교하고 마음이 괴로워 자신을 비웃은 일도 있었소! 그것을 본 악마도 비웃고 있다오!"

"그게 아니오, 헤스터." 목사는 대답했다. "그것은 실체가 아니오! 차디차게 죽은 것이라 나에겐 아무런 쓸모도 없는 거요! 하기야 그동안 고행은 많이 해왔지만, 회한은 한 번도 한 일이 없소! 만일 했다면 이런 위선적인 법복을 벌써 오래 전에 벗어던지고 최후의 심판 날에 있을 그대로의 모습을 사람들 앞에 드러냈을 것이오. 헤스터, 당신은 행복한 사람이오. 가슴에 떳떳하게 주홍 글씨를 달고 있으니 말이오! 나의 주홍 글씨는 아무도 모르게 불타오르고 있소! 칠년 간의 괴로운 생활 끝에 나의 정체를 알고 있는 당신을 대한다는 일이 나에게 얼마나 위안을 주는 일인지 당신은 아마 모를 것이오! 나에게 친구라도 있어 - 지독한 원수도 좋소 - 남이 칭찬하는 말에 괴로워할 때 매일같이 찾아와 나의 정체가 얼마나 나쁜 죄인인가를 들려준다면 그것만으로도 나의 영혼은 살아갈 수 있지 않을까 하고 생각하오. 그러나 지금은 모든 것이 거짓이오! 공허요! 죽음뿐이란 말이오!"(17장)

그가 헤스터와 함께 죄를 고백하고 쓰러져 죽은 후에 그의 옷이 아니라 가슴에 직접 주홍글씨가 새겨져 있었다는 소문이 전해진다. 그의 죄는 칠링워드에 의해, 또한 스스로의 양심에 의해 모든 사람에게 드러나게 되었는데, 이 즈음해서 다음의 말씀이 생각이 난다.

'그런즉 그들을 두려워하지 말라 감추인 것이 드러나지 않을 것이 없고

숨은 것이 알려지지 않을 것이 없느니라'(마 10:26)

　다윗이 죄를 감추려고 했을 때, 죄는 감추어진 것이 아니라 눈덩이처럼 불어나서 감출 수 없게 되지 않았는가? 죄를 감추고 위선적으로 살아가는 사람들을 부러워할 필요가 없다. 나아가 죄를 감추고 위선적으로 살아가려고 고생할 필요가 없다. 우리는 양심을 가진 인간이다. 죄를 멀리하는 성령 충만한 삶을 살아야 한다. 불가피하게 찾아오는 죄의 유혹에 넘어졌을 때는 감추기보다 정직하고 신실하게 죄의 문제를 다루는 것이 인생 전체를 바라볼 때 현명한 선택이 된다는 것을 꼭 기억해야 한다.

한과 상처로 인한 복수가
인생의 목표가 되어서는 안 된다

　이 소설은 간음한 여인 헤스터 프린(과 그녀의 딸), 간음의 상대 딤즈데일, 아내의 간음상대를 찾아 복수하려는 칠링워드의 이야기가 처음부터 끝까지 얽히고 설킨 채로 진행된다. 간음이라는 죄의 두 당사자만큼이나 죄의 피해자인 칠링워드도 중요한 인물이다. 이 세상에는 죄를 짓는 사람도 있지만, 죄의 피해자가 더 많이 존재한다. 그리고 죄의 피해자도 또 다른 죄를 지어 다른 사람들에게 상처를 입힌다. 죄의 피해자가 되었을 때 우리는 어떻게 해야 하는가? 칠링워드가 좋은 반면교사가 되고 있다.

　칠링워드는 아내를 먼저 뉴잉글랜드에 보내고, 여러 사정으로 2년 후에 보스턴에 도착하게 된다. 그는 아내를 방치한 것 같은 약간의 죄책감도 느끼지만, 아내와 간음한 사람에게 증오심을 갖는다. 누군지 모르지만 자신의 가정을 파멸에 던져놓고, 어디선가 잘 살고 있을 '그 놈'에게 복수하는 것을 삶의 목표로 정한다. 그는 로저 칠링워드라는 가명을 쓰고, 자신이 헤스터의 남편이었다는 것도 철저히 비밀로 하며, 자신이 원래 하던 일을 다 팽겨지고 의사 행세를 하며 경건한 신앙인으로 위장하여 복수를 꿈꾼다. 그의 열정적인 노력과 놀라운 통찰력과 경건한 신앙생활은 모두 복수의 도구가 될 뿐이었다.

그 사나이는 여자와 함께 수치스러운 자리에 서지 않기로 결심했다. 헤스터 프린 외에는 아무도 이 비밀을 모를 것이며, 그녀의 입을 열게 하는 자물쇠의 열쇠는 그가 쥐고 있는 것이므로 인명부에서 자기의 이름을 말살시켜 버리기로 했다. 그에 대한 옛 인간관계나 이해관계는 벌써 오래 전에 바닷속에 매장되었다는 소문이 있으므로 정말 바닷속에 빠져버린 듯이 완전히 증발하기로 한 것이다. 이 목적이 일단 달성만 되면, 새로운 이해관계나 그에 따른 새로운 목적이 곧 머리를 쳐들게 될 것이다. 하기야 그건 죄라 할 수는 없다 할지라도 음흉한 짓임엔 틀림없고, 그의 모든 능력을 쏟을 만한 힘을 지니고 있다는 것만은 확실했다.

하여간 이 결심을 실행하기 위해 그는 로저 칠링워드라는 이름을 가지고 보통 이상의 학문과 지식을 지니고 있는 사람이라는 사실 하나로써 청교도 거리에 자리를 잡게 되었다. 이곳에 오기 이전에 했던 연구 때문에 당시의 의학에 대해 폭넓은 지식을 갖추고 있었으므로 의사의 간판을 내걸기로 작정했고, 세상으로부터도 친절하게 환영을 받게 되었던 것이다.(9장)

그러나 그의 복수는 사실 자신을 망치고 있었다. 복수심으로 7년을 보낸 칠링워드는 헤스터가 볼 때 완전히 독기를 품은 전혀 다른 사람이 되어 있었다. 그는 딤즈데일이 간통남이라는 사실을 알고 더욱 복수심에 불타게 되었다. 그는 딤즈데일에게 복수하고 있다고 생각했지만, 사실 그 복수의 독기는 자신의 영혼을 병들게 하고 있었다.

앞에서 말한 사건 이후 목사와 의사와의 관계는 외면적으로는 변함이 없었으나, 실은 전과는 다른 성격의 것이 되었다. 로저 칠링워드의 머리는 뚜렷한 진로를 발견한 것이다. 그러나 그것은 자기가 계획하고 거닐고자 하던 길은 아니었다. 아주 조용하고 온순한, 격정과는 인연이 먼 듯이 보이는 이 불행한 노인에게 지금까지 줄곧 잠재해 오던 악의가 바야흐로 활동을 개시해 어쩌면 과거의 어느 누구도 원수에게 그런 앙갚음을 한 적이 없을 정도로 강렬한 복수를 생각케 했는지도 모른다. 공포, 양심의 가책, 고뇌, 무익한 후회, 그리고 물리쳐도 되돌아오는 죄 많은 생각들, 이 모든 것을 털어놓게 할 수 있는 유일무이의 친구가 되는 것이 그 복수인 것이다.(11장)

이러는 동안에 헤스터는 노인을 물끄러미 쳐다보고 있었는데, 지난 7년 동안에 너무나 변한 그의 모습을 보고 깜짝 놀라는 한편 큰 충격을 받았다. 나이를 먹었다는 것이 아니다. 좀 늙은 것 같기는 했지만 나이에 비해서 젊어 보였고, 강인한 체력과 민첩함은 여전한 것 같았다. 그러나 헤스터의 기억에 남아있는 그 조용하고 지적인 학자의 옛 모습은 흔적도 없이 사라진 대신 열심히 뭔가를 찾고 있는 듯한, 그리고 거의 사납다고 할 정도의 표정을 잘 감추고 있는 그런 사람으로 변해 있었다. …
한 마디로 말해서 로저 칠링워드 노인은 인간이 상당한 기간에 걸쳐 악마의 일에 손을 댈 의향만 있다면 악마로 변신할 수 있는 힘이 구비되어 있음을 나타내는 뚜렷한 표본이었다. 이 불행한 사람이 이와 같은 변모를 가져오게 된 데는 7년 동안 줄곧 고뇌에 찬 사람의 마음을 쉴 새 없이 분석하는 데 몰두했고, 그로 인해 희열을 느꼈을 뿐 아니라, 상대방의 불꽃과 같은 고뇌에 기름을 끼얹어 분석하고 즐기는 짓을 해왔기 때문이다. 주홍 글씨가 헤스터 프린의 가슴 위에서 불타는 것 같았다. 여기에도 한 사람이 파멸하고 있었고 그 책임의 일단이 그녀 자신에게 있음을 뼈저리게 느꼈기 때문이다.(14장)

그는 결국 복수에 성공한 셈이다. 딤즈데일은 처절하게 고통당하다가 죄를 고백하고 죽어버렸다. 그러나 그가 죽어버리자 칠링워드도 더 이상 인생의 특별한 의미를 찾을 수 없었다. 얼마 지나지 않아 그도 죽어버린다. 그의 재산은 딤즈데일의 딸 펄에게 상속되었다. 헤스터의 간음은 그에게 너무나 고통스러운 일이었다. 그의 증오심과 복수도 충분히 이해가 간다. 그러나 복수는 자신을 위해서도 결코 좋은 일이 아니다. 딤즈데일은 칠링워드가 복수를 하지 않았어도 죄값을 치렀을 것이다. 칠링워드는 처절하고 통쾌(?)한 복수를 꿈꾸었을 테지만 사실 스스로를 죽이고 있었던 셈이다. 그가 아내와 딤즈데일을 용서하고, 어디론가 떠나 새로운 인생을 살았다면 어땠을까? 자신에게도 문제가 있음을 인정하고, 아내를 품었다면, 아니 적어도 복수에 목숨을 걸지 않았다면 더 행복하지 않았을까?

1878년 보스턴에서 발행된 《주홍글씨》의 삽화, '헤스터와 딸 펄'.

'내 사랑하는 자들아 너희가 친히 원수를 갚지 말고 하나님의 진노하심에 맡기라 기록되었으되 원수 갚는 것이 내게 있으니 내가 갚으리라고 주께서 말씀하시니라'(롬 12:19)

간음한 여인 헤스터 프린의 형벌과
남편의 복수 계획(1~4장)

매사추세츠주 보스턴. 소설은 많은 사람들이 감옥 앞에 모여 있으며, 새 식민지 개척자들이 제일 먼저 공동묘지와 감옥을 만들었다는 설명으로 시작된다.

> '턱수염이 더부룩하고 충충한 잿빛 옷에 끝이 뾰족한 모자를 쓴 남자들이 어느 목조 건물 앞에 모여 있었다. 그 속에는 수건을 쓴 여자며 맨머리로 나온 여자들도 섞여 있었다. 참나무로 된 튼튼한 문에는 커다란 쇠못이 줄줄이 박혀 있었다. 새 식민지의 개척자들은 새로 계획한 유토피아가 아무리 인간적인 미덕과 행복에 넘쳐 있다 하더라도 처녀지의 일부를 공동묘지와 감옥터로 할당하는 일을 무엇보다 우선 첫 단계에서 하여야 할 실제적인 필요사항 중 하나로 여겼다.'

200년 전 어느 여름날 아침 많은 사람들이 모인 감옥 앞 처형대로 딤즈데일 목사의 교구에 속한 헤스터 프린이라는 여인이 3개월 된 딸을 안고 나왔다. 그녀의 옷 가슴팍에는 감옥에서 직접 수놓은 간음(Adultery)을 뜻하는 A자가 붉은 천에 금실로 수놓아져 있었다. 그녀에게는 고상하고 기품이 있는 모습에 사람을 끄는 아름다운 매력이 흘렀다. 그러나 그녀의 옷에 새겨진 주홍글씨는 모든 인간관계로부터 그녀를 분리시키고 있었다. 그녀가 받은 벌은 얼굴을 가리는 것을 막기 위해 형틀을 목에 걸고 일정한 시간을 서 있는 것이었다.

그녀는 군중 앞에서 아이를 안고 수치를 당하던 중 남편을 발견한다. 그는 사람의 마음을 꿰뚫어보는 통찰력을 가진 학자였으나, 왼쪽 어깨가 오른쪽 어깨보다 약간 올라간 불구였기에 쉽게 알아볼 수 있었다. 그녀가 그를 보았을 때 그는 손가락을 올려 신호를 하고 입술에 손가락을 댔다. 그는 여러 사정으로 아내가 이곳에 도착한 지 2년 만에 나타났고, 주변 사람들에게 자신이 남편이라는 것을 숨겼다. 그는 아이의 아빠를 찾아내서 처벌받게 하리라 다짐한다. 그러는 사이 존 윌슨이라는 목사는 뛰어난 용모에 명문 대학을 졸업한 뛰어난 설교자이며 사람들에게 인정을 받고 있던 딤즈데일 목사에게 그녀에 대한 훈계를 맡겼다. 목사는 그녀가 아이의 아빠를 말하지 않는 것이 좋겠다는 의견을 제시했다. 군중들은 아이 아빠를 밝히라고 소리쳤으며, 장시간의 훈계가 이어졌다. 헤스터는 결코 아이의 아빠를 말하지 않았으며, 모든 고통스러운 순간을 견디고 우는 아이를 달래며 감옥으로 돌아갔다.

감옥으로 돌아온 아이는 엄마의 상처를 다 받아들인 것처럼 고통으로 발작했다. 그때 감옥으로 로저 칠링워드라는 사람이 들어왔다. 그리고 혼자 죄인을 만나게 해달라고 부탁했다. 그는 아이를 진찰하기 시작했다. 사실 그는 그녀의 남편이었고, 이름은 가명이었다. 헤스터는 그가 주는 약을 치워버렸으나, 약을 먹은 아이는 진정되었다. 남편은 간통남을 알려 달라고 했지만, 그녀는 말하지 않았다. 남편은 결국 비밀을 알아낼 것이라고 강하게 다짐했다. 그리고 자신이 남편이라는 것을 밝히지는 말라고 경고했다. 그녀는 약속을 지키겠다고 했다.

감옥에서 나온 헤스터 프린과 딸(5~8장)

헤스터 프린은 형기를 다 마치고 감옥에서 나왔다. 그러나 그녀는 그것이 더 괴로웠다. 멀리 도망갈 생각도 했지만, 운명은 거기에서 떠나지 못하게 했다. 그녀는 외딴 해변에서 살게 되었고, 친구도 없었다. 하지만 그녀의 뛰어난 자수실력은 생계를 유지시켜주었다. 차차 그녀의 수공품은 유행이 되었다. 그녀는 꼭 필요한 돈 외에는 가난한 사람에게 자선을 베풀었다. 그녀의 강한 천성이 주홍글씨를 잘 이겨냈고, 점점 세상에 기여하게 되었다. 물론 그녀는 설교의 단골 레퍼토리였고 아이와 새로 온 이주민 등 모두에게 간음한, 낙인찍힌, 여인이었다.

1878년 메리 할록 푸트가 그린 《주홍글씨》의 삽화, '처형대 앞의 헤스터 프린'.

그녀의 딸은 펄이었다. 이름 그대로 고통 속에서도 피어난 불멸의 꽃송이였다. 죄의 결과가 아니라 인내와 고통의 결실이었다. 펄은 어느덧 성장하여 엄마의 품에서 나와 아이들과 교제할 때가 되었다. 그러나 펄은 아이들 세계에서 태어날 때부터 추방된 아이였다. 펄은 비난하는 아이들만 있을 뿐 그녀의 친구는 주변 사물들뿐이었다. 친구가 없어서 환상 속에 만들어낸 친구들과 놀았다. 그러나 그들에게도 적의를 드러냈다. 엄마의 슬픔과 운명이 아이에게 전가된 듯 들꽃으로 주홍글씨를 만들어 오기도 했다. 그것은 고스란히 엄마인 헤스터의 고통의 몫이었다. 그녀는 하나님께 고통스럽게 호소했다. 펄은 자신이 어디서 왔는지 물었다. 하나님이 보내셨다고 하니 펄은 하늘의 아버지는 없다고 말했다. 마을에서 펄을 엄마와 떼어놓으려는 움직임이 있을 즈음 총독의 집에 장갑을 가져다주러 가게 되었다. 몇 몇 사람들은 엄마와 떼어놓는 것이 펄을 위한 것이라고 여겼다. 펄은 엄마와 비슷한 옷을 입고 있었는데, 아이들은 그 옷 때문인지 펄을 적대시했다. 총독의 집에서는 딤즈데일 목사와 칠링워드 등이 펄의 문제에 대해 이야기하고 있었다. 윌슨 목사는 펄이 교리교육을 받았는지 물어보려 했지만, 펄은 자신을 감옥 옆의 찔레꽃 덤불에서 주워 왔다고 말했다. 사람들은 펄을 떼어두려 했지만, 딤즈데일 목사는 헤스터가 자신의 타락을 잊지 않고 아이를 더 잘 가르칠 것이라 두둔했다. 사람들은 펄이 교리문답을 배우며, 학교도 가게 하는 조건으로 문제를 보류하기로 결정했다. 펄은 딤즈데일 목사에게 애정을 표현했는데, 그는 너무나 쇠약해져 있었다.

의사 칠링워드, 딤즈데일이 범인임을 알아채다(9~12장)

로저 칠링워드는 본명을 감추고 의사 행세를 하면서 모범적 종교생활로 사람들에게 신뢰를 얻고 있었다. 그는 딤즈데일 목사를 정신적인 지도 자로 따랐는데, 그의 건강이 급격하게 나빠지자, 칠링워드는 그에게 관심을 가지고 치료하려고 애를 썼다. 딤즈데일 목사는 치료를 거부했으나 점점 의사에게 매력을 느끼게 되었다. 결국 의사는 주치의가 되었고, 많은 시간을 대화하며 보내게 되었다. 많은 대화 속에서 의사는 그의 병이 마음에서부터 시작된 것임을 알아채고 아예 같은 집에서 살게 되었다. 의사는 계속 관찰했다. 그는 금덩어리를 캐는 광부처럼 목사의 마음을 파고들어갔다. 계속된 친교를 통해 목사가 뭔가 고백하고 싶은 것이 있다는 것이 드러나기 시작했다.

의사는 병의 원인에 대해 솔직히 털어놓으라고 요구했다. 병은 영혼의 상처나 괴로움을 밝혀야 치료될 수 있다고 강권하였으나 목사는 완강히 거부했다. 절대로 말할 수 없다고 하며 미친 듯이 방을 뛰어나갔다. 칠링워드는 미묘한 웃음을 지었다. 그리고 그는 목사가 이러한 격정으로 무슨 일인가 저질렀다고 추측했다. 얼마 후 목사가 책을 펴 놓고 잠이 든 사이, 의사가 그의 앞가슴의 옷을 젖혔다. 목사는 목을 약간 떨며 몸을 움직였다. 의사는 환희를 느끼며 기쁨을 표현했다. 의사는 그가 헤스터 프린과 간음한 남자임을 확신했다.

그러나 목사는 점점 더 빛나는 명성을 가지게 되었다. 그는 낮은 사람들과 고통을 함께 했으며, 설교도 사람들의 마음을 사로잡았다. 뭔가 감동이 있었고, 신의 지혜가 깃든 대변자라고 여겼다. 모든 성도들은 그를

1878년 보스턴에서 발행된 《주홍글씨》의 삽화, '펄'.

추앙했다. 목사는 양심의 고통으로 자신은 타락한 인간이며 위선 덩어리라고 고백하고 싶었지만, 정작 자신의 죄를 고백할 수는 없었다. 성도들은 자책하는 목사의 말 속에 있는 비밀을 알지 못하고, 목사에 대해 더욱 존경심을 가졌다. 목사는 그럴수록 더욱 죄가 쌓여가는 것 같아 견딜 수 없었다. 그러던 어느 날 밤에 그는 헤스터 프린이 7년 전 치욕을 당했던 처형대를 찾아 올라갔다. 아무도 그를 볼 수 없을 정도로 칠흑같이 어두운 밤이었다. 그는 참회의 고통으로 큰 소리를 질렀다. 그러나 아무도 오지 않았다. 그 때 펄과 헤스터가 나타났다. 총독이 돌아가셔서 수의의 치수를 재고 오는 길이었다. 셋은 함께 처형대에 섰다. 셋은 전기가 통하듯 생명이 통하는 것 같았다. 펄은 목사에게 내일 낮에도 여기 와서 설까요? 라고 했다. 목사는 안 된다고 했다. 언젠가는 서겠지만. 최후의 심판 날에 여기서 서게 될 거라고 말했다. 목사는 두 손으로 가슴을 움켜쥔 채 유성으로 밝게 빛나는 하늘 위를 쳐다보고 있었다. 하늘 위를 본 목사는 붉은 선으로 A라는 글자를 보게 되었다. 펄이 로저 칠링워드를 손가락으로 가리키고 있었다. 목사는 헤스터에게 그의 정체를 물었다. 헤스터는 아무 말도 하지 않았다.

주홍글씨로부터 벗어나는 헤스터, 딤즈데일을 도와 새로운 미래를 꿈꾼다 (13~19장)

헤스터는 주홍글씨를 새긴 지 7년이 지났고, 이제 사람들의 호의와 존경까지 받게 되었다. 그녀는 주변 가난한 사람을 보면 도왔고, 걱정거리가 있는 사람을 찾아갔다. 그녀는 자선을 베푸는 사람이었고, 사람들은 이제 A를 '유능한(Able)'이라는 뜻으로 해석했다. 보스턴의 지도자들도 점차 그녀를 용서하기 시작했다. 사람들은 주홍글씨를 선행의 표시로까지 보게 되었다. 그녀는 펄을 보면 괴롭기도 했지만, 복수를 실행하는 칠링워드에 맞서 목사를 도와야겠다고 생각했다. 어느 날 그녀는 바닷가에서 약초를 찾는 칠링워드를 보게 되었다. 그는 목사를 돌보는 동시에 그가 최대한 고통을 당하도록 괴롭히고 있었다. 헤스터는 그에게 목사를 용서하라고 요청했다. 그러나 칠링워드는 용서할 생각이 없었다. 펄은 그 사이 바닷가에서 초록색으로 가슴에 A자 장식을 만들었다. 헤스터는 가슴의 초록색 글자를 보고, 자신의 주홍글씨가 어떤 의미인지 물었다. 펄은 철이 들면서 주홍글씨의 의미를 알려고 했다. 헤스터는 답을 해 줄 수가 없었다.

헤스터는 목사에게 그 의사의 정체를 말하려고 결심하고 숲에서 기다렸다. 헤스터는 죄를 고백할 수 있는 친구가 자신이고, 칠링워드의 정체에 대해 이야기했다. 목사는 그녀에게 분노의 감정을 느꼈지만, 곧 용서하고 하나님께도 용서를 구했다. 헤스터는 그가 칠링워드와 같이 살아서는 안 된다고 말하며, 새로운 곳으로 가서 자유를 얻으라고 말했다. 목사는 그럴 수 없다고 했지만, 헤스터는 자신도 동행하겠다고 하며 용기를 주었다.

딤즈데일은 불안했다. 죄인임을 인정하고 도망칠까, 위선자로서 버틸 것인가? 죄가 그의 영혼 속에 만들어 놓은 상처는 절대 회복될 수 없었다. 그는 강인한 헤스터와 같이 도망가려고 결심을 하자 평안이 주어졌다. 헤스터는 과거에 머물지 않기로 하자고 말했다. 그리고 주홍글

1926년 상영된 영화 <주홍글씨>에서 헤스터와 딤즈데일의 스틸 컷. 릴리언 기쉬와 라스 한슨이 분했다.

씨를 떼 버렸다. 그녀에게도 아름다운 자유가 느껴졌다. 자연은 두 영혼을 축복하고 숲은 빛나는 것처럼 보였다. 펄이 두 사람에게 다가왔다. 사실 목사는 그 아이가 두려웠다. 그 아기가 자신을 닮아 사람들이 눈치를 채지 않을까 생각했다고 털어놓았다. 펄은 엄마에게서 주홍글씨가 없어진 것을 보고 소동을 벌였다. 헤스터는 냇물 가에 있는 주홍글씨를 주워들고 가슴에 달았다. 이 고통은 헤어날 수 없는 저주라고 느껴졌다. 펄은 건너와서 엄마를 안아주었다. 펄은 주홍글씨에도 입을 맞췄다. 펄은 목사에게 억지로 끌려갔다. 목사는 펄의 이마에 키스를 퍼부었다. 펄은 냇가에 가서 키스의 흔적이 없어질 때까지 씻었다. 그리고 만남은 끝났다.

딤즈데일 목사의 고백과 죽음, 그리고 칠링워드와 헤스터의 뒷이야기(20~24장)

목사는 멀어지는 두 사람을 보았다. 만남은 큰 위로의 시간이었다. 사흘 후에 떠날 배가 항구에 정박하게 되었다. 두 사람은 바다 건너 유럽의 도시에 정착할 생각이었고 헤스터는 그 배의 표를 구했다. 비밀을 유지하는 것도 약속받았다. 이제 사흘 후에 떠나게 되었다. 사흘 후에 목사는 총독 취임식에 설교를 하게 되어 있었다. 성직을 떠날 좋은 기회였던 것이다. 그는 헤스터를 만나고 난 후 평상시에 볼 수 없는 힘이 솟았다. 풍경도 전과는 다르게 느껴졌다. 그의 내면이 너무 많이 변해서 모든 것을 다르게 보이도록 만들었던 것이다.

그러나 이미 목사의 내면은 망가져 있었다. 장로를 만나 성찬에 대해 이야기하다가 불경스러운 생각이 들었고, 나이든 성도를 만나서는 성경

구절이 잘 생각나지 않았다. 영생을 거부하는 생각이 입에서 튀어나오기도 했다. 목사의 신분으로 할 수 없는 상상도 하고 있었다. 그는 계속 유혹을 받았다. 그는 자신이 악마에게 홀렸는지 스스로 물었다. 가슴에 손을 얹고 있었다. 마녀 히빈스 부인이 지나갔다. 그녀는 목사에게 숲 속에 다시 가신다면 자신과 같이 가자고 했다. 마녀는 비웃으며 지나갔다. 목사는 마왕에게 영혼을 팔았던 것인가? 그는 행복한 꿈에 눈이 어두워 더 큰 죄를 택했던 것이다. 그는 집에 도착하여 서재에 들어갔다. 집의 모든 것들이 이상하게 보였다.

신임 총독이 임명되는 날 헤스터는 펄과 광장으로 갔다. 이 날 헤스터는 지금까지와 다른 표정이 감돌고 있었다. 7년의 주홍글씨에서 벗어나려는 듯 했다. 광장에서는 축제가 벌어지고 있었다. 그 때 칠링워드는 선장과 다정하게 속삭이며 광장으로 들어왔다. 선장은 의사와 헤어지고 헤스터가 있는 곳에 와서 말을 걸었다. 그는 의사가 한 명 타게 되었다고 했다. 놀라운 통찰력을 가진 칠링워드의 복수극은 계속되고 있었던 것이다.

군악대의 소리와 시민들의 행렬. 딤즈데일이 설교를 하게 되어 있었고, 그는 이 행렬에 끼어 힘찬 걸음걸이와 태도를 보였다. 그러나 표정은 얼이 빠진 것 같았다. 헤스터도 목사를 보았을 때 숲에서 만났던 그 사람이 아닌 것 같은 느낌을 받았다. 곧 목사의 설교가 들려왔다. 심금을 울리는 열정과 감동의 언어였다. 고뇌의 표현과 비명 같은 슬픔이 뒤흔들렸다.

1926년 상영된 영화 <주홍글씨>의 포스터.

그는 온갖 말로 용서를 구하고 있었다. 헤스터는 처형대 밑에서 듣고 있었다. 보스턴 근처에서 온 사람들은 주홍글씨에 관한 소문을 확인하려고 헤스터에게 가까이 다가왔다. 7년 전의 치욕이 반복되었다.

설교가 끝났다. 사람들이 교회당에서 쏟아져 나왔다. 목사에 대한 칭송으로 떠들썩했다. 그러나 그는 창백한 얼굴빛으로 비틀거리며 처형대로 갔다. 목사는 헤스터와 펄을 불렀다. 이상한 부드러움과 승리의 빛이 있었다. 둘은 다가갔다. 의사가 어느 틈엔가 군중 속에서 튀어 나왔다. 그리고 그의 행동을 저지했다. 그러나 목사는 헤스터에게 자신을 처형대로 오르게 해 달라고 했다. 숲 속에서 계획했던 것보다 고백하고 죽는 쪽을 택했다. 목사는 처형대에서 고백한 후 쓰러졌다. 자신이 복수를 했어야 했던 칠링워드는 그가 자기에게서 도망쳤다고 소리쳤다.

목사의 가슴에도 주홍글씨가 있었다는 증언이 있었다. 어떻게 생겼는지는 다양한 추측이 있었다. 양심의 가책이 밖으로 뚫고 나와 주홍글씨의 형태를 빌어 하나님의 심판을 나타낸 것이라고 수군거렸다. 반대로 아무 글씨도 없었고, 그의 죽음은 숭고한 가르침을 위한 것이었다고 하는 사람도 있었다. 무엇보다 놀라운 변화는 칠링워드에게 나타났다. 그는 생명력이나 지력이 다 한꺼번에 빠져 버린 것 같았다. 그는 그 해에 죽었고 펄에게 유산을 물려주었다. 헤스터는 의사가 죽은 후 펄과 함께 사라졌다가 혼자 오두막으로 돌아왔다. 그는 평생

나다니엘 호손이 고향 뉴잉글랜드의 레이먼드에서 어린 시절에 살던 집.

주홍글씨를 달고 살며 사람들을 도왔
는데, 특히 사랑에 상처를 입은 여인
들이 찾아왔을 때 위로하고 충고했다.
그래서 주홍글씨는 모욕과 비난의 낙
인이 되지 않았다. 뭔가 두려움과 존
경을 자아내는 상징이 되었다. 그녀는
죽었고, 목사와 그녀의 무덤은 하나의
비석이 서게 되었다.

매사추세츠주 콩코드의 슬리피 할로우 공동묘
지에 있는 호손의 무덤.

킹덤처치연구소
KINGDOM CHURCH INSTITUTE

하나님나라를 구현하는 건강한 교회를 꿈꿉니다

킹덤처치 SEMINAR

가입 수시가입 후 인강 시청
줌 특강 (지정된 날짜)

방식 App 다운로드 후 강의 수강
(킹덤처치연구소 검색후 설치)

내용 킹덤처치 이론과실제 ㅣ 하나님나라 신학원리
하나님나라 성경관통 ㅣ 하나님나라 제자훈련
[제자훈련, 15주성경관통, 12주성경통독] 양육실황

강사_이종필 목사
세상의빛교회담임
킹덤처치연구소 대표

특전 1 강의안 PDF파일 제공
   2 양육용 PPT파일 제공
     (제자훈련, 15주 성경관통, 12주 성경통독)
   3 한 번 가입으로 평생 수강, 반복 수강
   4 줌 특강 4회 (특강내용변경될수있습니다)
     킹덤처치 개척 및 전통교회 혁신전략 ㅣ 중소형교회 목회리더십 빌드업
     민주화세대와 MZ세대 복음사역법 ㅣ 자기관리와 설교준비

문의 송민정간사 010-8794-1417

설교와 양육을 위한

킹덤인문학세미나

/ 작품해설에서 복음적용까지 /

일리아스 | 오딧세이아 | 그리스로마신화
변신이야기 | 소포클레스비극 | 아이네이스
신곡 | 데카메론 | 돈키호테 | 셰익스피어 4대 비극
파우스트 | 레미제라블 | 죄와벌 | 카라마조프 형제들
부활 | 안나 카레니나 | 데미안 | 어린왕자
오만과 편견 | 걸리버 여행기 | 제인 에어 | 폭풍의 언덕
여자의 일생 | 변신 | 인간의굴레 | 보바리 부인
주홍글씨 | 분노의 포도 | 위대한 유산

가입 수시가입 후 인강 시청
　　　 줌 특강 (지정된 날짜)

방식 App 다운로드 후 강의 수강
　　　 (킹덤처치연구소 검색후 설치)

문의 송민정간사 010-8794-1417

내용 1 복음사역을 위한 서양인문학 개관
　　　 2 서양인문학 작품 해설
　　　 3 양육과 설교에 인문학 적용하기

특전 1 강의안 PDF파일 제공
　　　 2 인문학정기강좌 무료수강
　　　 3 줌 특강
　　　 4 업로드되는 강의 평생 무료 수강

강사 이종필 목사
_ 세상의빛교회 담임
_ 킹덤처치연구소 대표
_ 월간 <교회성장>
　'목회자의인문학교실' 연재

킹덤처치연구소
KINGDOM CHURCH INSTITUTE